Heribert Arens

Suchst du Gott, dann such ihn unten

Sieben Impulse zu einer geerdeten Spiritualität

Verlag Erich Wewel · Donauwörth

Gedruckt auf umweltbewusst gefertigtem, chlorfrei gebleichtem und alterungsbeständigem Papier.

1. Auflage. 2003
Nach der Neuregelung der deutschen Rechtschreibung

Satz: Fotosatz H. Buck, Kumhausen
Druck und Bindung: Ludwig Auer GmbH, Donauwörth
ISBN 3-87904-**297**-7

Inhalt

Vorwort

Die sieben Gedankenkreise dieses Buches waren die Themen der Fastenpredigten, die ich in der Fastenzeit 2003 im Dom zu Paderborn, im Dom zu Hildesheim und in der St. Michaelskirche in Göttingen gehalten habe. Dort standen sie unter dem (in den Satzzeichen veränderten) Leitwort des Jahres der Bibel 2003 „Suchen! Und finden?" Diese Predigtreihe war mir eine Herausforderung, Gedanken zu einer geerdeten Spiritualität, die mich schon lange bewegen, in Themen zu gliedern, in Sprache zu bringen und sie einer erfreulich großen Zahl von Hörern vorzutragen.
Die Themen stehen nicht in einer Systematik, dass das eine nicht ohne das andere zu verstehen wäre. Vielmehr sind es sieben Scheinwerfer auf die verbindende Fragestellung „Gott suchen". Ich habe jedem Thema noch ein Gebet, das die Thematik aufgreift, hinzugefügt und je eine neu überarbeitete Meditation aus meinem schon länger vergriffenen Buch „Gott, du bist so menschlich" (München 1982). Beide wollen betend bzw. meditierend das Thema vertiefen.
Geerdete Spiritualität in meinem Verständnis versucht, Gott mitten in der Welt, in alltäglichen Vollzügen und Zusammenhängen zu entdecken und dort das Leben mit Gott und aus Gott zu gestalten. Von Gott erzählen, als erzählte ich von meinem eigenen Leben - das hat mich geleitet. Hintergrund ist mir ein Gottesbild, das Gott und Welt nicht trennt. Der Gott unseres Glaubens hat eine Dynamik zur Welt hin. Auch wenn du dich in einen versteckten Meditationswinkel setzt und auf Gott schaust: wenn du lange genug schaust, nimmt er dich mit in die Welt und zu den Menschen. Und die Welt hat eine Dynamik auf Gott hin. Schau lange genug auf die Welt, dann nimmt sie dich mit zu Gott. In einer geerdeten Spiritualität kannst du beginnen, wo du willst, bei Gott oder mitten in der Welt. Wenn du lange genug verweilst, treten beide in Beziehung.

> „Nicht müde werden
> sondern dem Wunder
> leise
> wie einem Vogel
> die Hand hinhalten."

Dieses Kurzgedicht von Hilde Domin (Gesammelte Gedichte Frankfurt 2002, 294) umschreibt die Grundhaltung, aus der eine geerdete Spiritualität sich mit Leben füllen kann. Ein Heiliger, der diese Spiritualität gelebt hat, war der Gründer meiner Ordensgemeinschaft, Franziskus von Assisi. Sein Leitbild taucht darum in den Kapiteln dieses Buches immer wieder auf, in direkter Erzählung aus seinem Leben, aber vor allem im spirituellen Hintergrund, auf dem ich diese Gedanken entwickelt habe.
Ich habe diese Predigten in der konkreten Situation des beginnenden zweiten Irakkriegs gehalten. Dadurch ergeben sich einige konkrete Bezugnahmen, die ich bewusst im Text gelassen habe. Ich befürchte, dass sie mit neuen Namen und an neuen Orten ihre Aktualität behalten.

Hülfensberg/Eichsfeld, 1. Mai 2003 *Heribert Arens*

1.

Gott suchen

Gedanken zum Menschen und seiner Sehnsucht

Schriftwort: Psalm 63

Gott, du mein Gott, dich suche ich
meine Seele dürstet nach dir.
Nach dir schmachtet mein Leib
wie dürres, lechzendes Land ohne Wasser.
Darum halte ich im Heiligtum Ausschau nach Dir,
um deine Macht und Herrlichkeit zu sehen …
Denn deine Huld ist besser als das Leben,
darum preisen dich meine Lippen.
Ich will dich rühmen mein Leben lang,
in deinem Namen die Hände erheben.
Wie an Fett und Mark wird satt meine Seele
mit jubelnden Lippen soll mein Mund dich preisen.
Ich denke an dich auf nächtlichem Lager
und sinne über dich nach, wenn ich wache.
Ja, du wurdest meine Hilfe,
jubeln kann ich im Schatten deiner Flügel.
Meine Seele hängt an dir,
deine rechte Hand hält mich fest.

Gott versteckt sich und will gesucht werden

Rabbi Baruchs Enkel, der Knabe Jechiel, spielte einst mit einem anderen Knaben Verstecken. Er verbarg sich gut und wartete, dass ihn sein Gefährte suche. Als er lange gewartet hatte, kam er aus dem Versteck; aber der andere war nirgends zu sehen. Nun merkte Jechiel, dass jener ihn von Anfang an nicht gesucht hatte. Darüber musste er weinen, kam weinend in die Stube seines Großvaters gelaufen und beklagte sich über den bösen Spielgenossen. Da flossen Rabbi Baruch die Augen über, und er sagte: *„So spricht Gott auch: ‚Ich verberge mich, aber keiner will mich suchen.'"* (aus: Martin Buber, Die Erzählungen der Chassidim, Manesse Verlag, Zürich 1949, 191)
Diese Erzählung sagt von Gott: Er versteckt sich und will gesucht werden. Diese Aussage entspricht der Erfahrung vieler Menschen, nicht zuletzt derer, denen Gott nicht gleichgültig ist, die sich nach seiner Nähe sehnen. Gott versteckt sich, er verbirgt sich – oft so gründlich, als gäbe es ihn überhaupt nicht. Überlegen Sie, wie viel Not Sie dadurch schon durchlitten haben. Gerade da, wo er am meisten gebraucht wird,

scheint er nicht da zu sein. Er zeigt sich nicht in Not, in Krankheit, in Lebensbedrohung, Arbeitslosigkeit, Kriegsgefahr. Die Klage des Psalmisten: „Gott, warum verbirgst Du Dich?" ist für viele hoch aktuell. Gott ist ihnen nicht greifbar, nicht spürbar, nicht sichtbar, geschweige denn, eindeutig erfahrbar. Gott verbirgt sich. Für viele, gerade wenn Gott ihnen nicht gleichgültig ist, ist das eine schmerzliche Erfahrung.

Gott in einer desinteressierten Welt

„... und keiner will ihn suchen", zumindest kann es den Anschein haben, dass das so sei. Wir leben in einer Zeit, in der das Interesse an Gott in einem Maß schrumpft, wie es nach meiner Wahrnehmung in der Geschichte der Kirche und des Glaubens erst- und einmalig ist:
Wo früher der Mensch mit der größten Selbstverständlichkeit „Gott" sagte, redet er heute von naturwissenschaftlichen Erkenntnissen, Entdeckungen, Erklärungen – und das ist ja auch gut so. Manchmal bedauere ich allerdings, wenn viele nicht spüren, dass sie umso mehr ins Staunen über Gott kommen können, je mehr sie über diese Natur und diese Welt erfahren. Da wird Gott eher beiseite geschoben.
Wo der Mensch früher seine ganze Hoffnung auf Gott setzte, weil er die einzige Hoffnung ist, baut er heute auf die Tüchtigkeit der Fachleute und Spezialisten, nicht zuletzt auf seine eigene Tüchtigkeit. Wenn er früher die Hoffnung nicht aufgab, weil das für ihn die Zukunftskraft war, fühlt sich heute mancher von Gott frustriert, zuckt die Achseln und „lässt den lieben Gott einen guten Mann sein".
All das vollzieht sich in einer Welt, in der wir lange mit der größten Selbstverständlichkeit von einem christlichen Europa gesprochen haben. In diesem christlichen Europa hat im Ostteil der kommunistische Machtblock mit seiner atheistischen und glaubensfeindlichen Politik Ähnliches erreicht, wie im westlichen Teil der Wohlstand. Gott ist nicht mehr so nötig in der Welt, wird nach und nach aus dem alltäglichen Geschehen und der Gestaltung dieser Welt herausgenommen.
Für viele kommt in dieser Situation ein Überdruss an der Kirche dazu, an einer Kirche, die auf der einen Seite mit hohen moralischen Ansprüchen an den Menschen herantritt, sich aber in ihren exponierten Vertretern gleichzeitig oft derart menschlich begrenzt und fehlerhaft zeigt, dass viele diese Kirche so nicht wollen. Sie schütten dann leicht das Kind mit

dem Bade aus, anders gesagt: Man wirft die Kirche über Bord und Gott mit der Kirche. Für viele Zeitgenossen gehört Gott nicht mehr zum Lebensgefühl des beginnenden dritten Jahrtausends.

Was mich dabei nicht ruhig werden lässt, was mich bedrängt, sind zum einen die menschlichen Allmachtsfantasien, in denen der Mensch sich an die Stelle Gottes setzt – ohne dass er dazu das Format hätte. Wir erleben in diesen Tagen (kurz vor dem Irakkrieg) eine Auseinandersetzung um dieses Problem, wenn ein Mensch sich als Herr der Welt aufspielt, als wäre er der Herrgott. Auch schmerzt das Enttäuschtsein vieler Menschen von Gott und von seiner Kirche.

Weit mehr aber berührt mich, was aus all dem gewachsen ist: Es hat sich bei vielen Menschen eine Gleichgültigkeit Gott gegenüber entwickelt, die mich erschrecken lässt. Gott regt viele nicht einmal mehr auf, er ist es ihnen nicht einmal mehr wert, gegen ihn zu kämpfen, Anstoß an ihm zu nehmen. Er ist zur Belanglosigkeit geschrumpft.

Als ich 1998 aus dem sehr katholischen Werl in Westfalen nach Hannover übersiedelte, traf ich nach einigen Monaten unseren benachbarten evangelischen Superintendenten. Er fragte mich: „Na, wie geht's Ihnen denn hier in Hannover?" „Das ist ganz anders hier", habe ich geantwortet. „Nicht wahr", sagte er darauf, „hier weht Ihnen ein anderer Wind entgegen". Meine sehr spontane Antwort war: „Wenn er nur wehen würde!"

Da weht nichts mehr. Da setzt sich nichts mehr in Bewegung, was durch Glauben oder auch Gegenglauben ausgelöst ist. Gott ist vielen so gleichgültig, wie es dem Mond gleichgültig ist, ob ihn der Hund anbellt. Gott bewegt nicht mehr, in Zustimmung nicht und in Ablehnung nicht. Er erntet Achselzucken, höfliche Distanz und geschäftiges Übergehen zur Tagesordnung, jedenfalls bei vielen. „Ich verstecke mich und keiner will mich suchen", klagt Gott in der chassidischen Legende. Ich frage zurück: „Wundert's dich, Gott? Mich wundert's, dass dich das wundert, weil du dich so bedeckt hältst, so zurückhältst, dass den Leuten die Lust am Suchen vergeht."

Suchen! Und finden?

Aber in dieser Großwetterlage gibt es sie trotz alledem bis heute auch, die Gottessucher, die, denen der 63. Psalm aus der Seele gesprochen ist: „Gott Du mein Gott, Dich suche

ich, meine Seele dürstet nach Dir, nach Dir schmachtet mein Leib wie dürres, lechzendes Land ohne Wasser." Starke Worte benutzt dieser Psalm: „dürstet", „mein Leib lechzt". Da geht es nicht um Appetit oder Durst auf ein Glas Wasser – mein ganzer Leib lechzt. Das ist ein Bild intensiver Sehnsucht und Suche.
Es gibt sie bis heute, die Gottsucher, die bewusst, auch in einer scheinbar gottlosen Welt, nach Gott fragen, Gott suchen, betend nach ihm tasten, die in der Bibel Gott auf der Spur sind, die wie der Kaufmann hinter der wertvollen Perle her sind, um sie zu erwerben – kurz: die Gott überall suchen, wo er erfahrbar sein kann, nicht nur im religiösen oder kirchlichen Rahmen, sondern auch mitten in der Welt, wo er ihnen durch die Zeichen der Zeit und durch Menschen begegnen kann. Es gibt sie bis heute, die Menschen, die aus dem Versteck- und Suchspiel, das Gott mit uns spielt, *nicht* aussteigen wie der Spielgefährte des Jechiel.
Nicht aussteigen, das ist notwendig, denn Gottsuche bleibt Gottsuche, auch wenn du Gott gefunden hast, oder besser, wenn du glaubst, ihn gefunden zu haben. Da glaubte ich, ich hätte Gott gespürt, ich hätte eine Ahnung, dass er in meinem Leben da ist, gegenwärtig und wirksam ist – und einige Zeit später traten Ereignisse in mein Leben, die mich herunter gezogen haben, die mich in Konflikte gezerrt und neu mit der Gottesfrage konfrontiert haben. Und von einem Augenblick zum nächsten ist mir Gott zerronnen wie der letzte Schnee des endenden Winters.
Wer gefunden hat, der hat noch lange nicht gefunden. Der Kirchenlehrer Augustinus entwickelt dazu interessante Gedanken: „Suchet Gott und Eure Seele wird leben." Dieses Psalmwort greift er auf und fährt fort: „Suchen wir ihn, damit er gefunden werde, suchen wir ihn, wenn er gefunden ist. Um gesucht zu werden, bevor er gefunden ist, ist er verborgen. Und er ist unermesslich, damit er auch dann noch gesucht werde, wenn er bereits gefunden ist."
Ich verstehe Augustinus so: Gott ist so unermesslich, dass du immer auf der Suche bleibst, auch wenn du ihn gefunden hast. Wenn du glaubst ihn gefunden zu haben, dann hast du bestenfalls einen Hauch von ihm gefunden, einen ganz, ganz kleinen Teil und du bleibst auf der Suche. Diese Deutung der Gottsuche ist mir nachvollziehbar, auch aus meinen menschlichen Erfahrungen nachvollziehbar: Wenn du deinen Partner fürs Leben gefunden hast, hast du ihn dann gefunden? Weißt

du genau, wer es ist, mit wem du dich auf den Weg machst? Ist und bleibt eure Beziehung nicht vielmehr Ungewissheit und Wagnis? Der Partner ist immer größer als das, was du von ihm wahrnimmst, was du ihm zutraust. Ist er nicht immer wieder für eine Überraschung gut!? Das jedenfalls hoffe ich für jeden. Wer glaubt, seinen Partner gefunden zu haben, wer glaubt ihn durchschaut zu haben und ihn genau zu kennen, hat ihn verloren.
Es gehört zum Menschen, dass er größer ist, dass er mehr ist als das, was ich jetzt und hier von ihm wahrnehme und begreife. Um wie viel mehr gilt das für Gott. Den begreifst du nie. Wenn du gefunden hast, dann freu dich, geh aber gleichzeitig davon aus, dass du nur einen kleinen Teil von ihm gefunden hast. Du bist ihm begegnet, aber du hast ihn nie fest im Griff oder gar in eine Schublade einsortiert. Gott sei Dank! Gott lässt sich finden, aber er verbirgt sich auch immer wieder - und lässt sich von neuem suchen.
Davon erzählt die Geschichte Gottes mit seinen Menschen. Sie erzählt, dass er mit seinem Volk in die Wüste geht. Aber mitten in der Wüste lässt er sein Volk scheinbar allein. Sie finden ihn nicht mehr. Er ist so fern, dass sie ein goldenes Kalb als Ersatz bauen. Anders kommen sie mit dieser Gott-Verlassenheit nicht zurecht. Ein Irrweg. Das gleiche Volk kommt viel, viel später in eine Wüstensituation, die in ganz anderer Weise existenziell ist. Das Volk wird zerstört, wird von den Babyloniern vernichtet. Die den Krieg überleben, werden in die Gefangenschaft, ins Exil deportiert. Sie sind in einer Situation, in der jedes andere Volk der damaligen Zeit gesagt hätte: „Wir pfeifen auf unseren Gott und schließen uns den mächtigeren Göttern der Babylonier an!“ Ausgerechnet in dieser Situation hält das Volk aber an seinem Gott fest, gibt die Suche nach ihm nicht auf. Viele Psalmen sind beeindruckende Zeugnisse dieser Gottsuche in der Gottferne.
Auch Jesus kennt diese Erfahrung der Gottverlassenheit. Sein „Warum“, herausgeschrien am Kreuz, beinhaltet zum einen die Erfahrung des fernen Gottes, der sich verbirgt; gleichzeitig sucht er Gott in dieser Situation, denn sein „Warum“ schreit er nicht ins Leere, er schreit es Gott entgegen „Mein Gott, Mein Gott! Du musst doch da sein, du kannst mich doch nicht verlassen!“
Auch die Kirche kennt die Geschichte der Gottferne und der Gottsuche. Es gibt finstere Geschichten in der Geschichte der Kirche, weil die Menschen Gott so fern fühlten, dass sie

allen möglichen Unsinn getrieben haben und treiben. Nicht nur das Mittelalter hat finstere Passagen. Aber diese Geschichte der Kirche mit ihrem Gott hat auch immer wieder großartige Gottsucherinnen und Gottsucher hervorgebracht, wie eine Theresia von Avila, wie einen heiligen Franziskus.
Die Geschichte Gottes mit seinen Menschen ist die Geschichte eines Gottes, der sich versteckt, der sich suchen und gelegentlich auch finden lässt. Was macht Gott da mit uns Menschen? Ich habe den Eindruck, Gott entzieht sich und lockt damit die Sehnsucht des Menschen an, die der Motor jeder Suchbewegung ist.

Sehnsucht

Wenn wir über unseren menschlichen Teil der Gottsuche nachdenken, müssen wir über unsere Sehnsucht nachdenken. Will ihn wirklich keiner suchen? Das glaube ich nicht. Ich glaube vielmehr, dass sehr viele Menschen Gott suchen, wenn auch indirekt, wenn auch so, dass sie gar nicht wissen, wen sie eigentlich suchen. Dieser Suche kommen wir auf die Spur, wenn wir unserer Sehnsucht auf die Spur kommen.
Was ist das mit der Sehnsucht? Ich nehme bei vielen Menschen etwas wahr, was mich nachdenklich macht: ein Umgetrieben sein, ein Unruhigsein, ein Unzufriedensein, das sagt: „Da muss doch noch mehr sein!“ Ich erlebe den Menschen unserer Zeit in einer Suchbewegung, auch wenn er oft genug gar nicht weiß, wonach er sucht, ja dass er sucht. Ich erlebe, was der heilige Augustinus in seinen Bekenntnissen beschreibt: Menschen mit unruhigen Herzen, die vielleicht nicht im Moment durchschauen, dass dieses unruhige Herz erst dann zur Ruhe kommt, wenn es bei Gott ankommt. Ich nehme viel Sehnsucht wahr in dieser Welt, die unruhig ist, die sucht, sucht und weiter sucht, manchmal bis zur Sucht.
Martin Gutl, österreichischer Priester und Schriftsteller, hat die Sehnsucht als Grundverfasstheit der gesamten Schöpfung umschrieben in dem folgenden Text:

> „Aus der Sehnsucht der Raupe,
> als Schmetterling
> ihre Flügel ausbreiten zu dürfen,
> aus der Sehnsucht
> des Vogels im Käfig,

im Urwald von Ast zu Ast
zu hüpfen,
aus der Sehnsucht der Eisdecke
als Welle tanzen zu dürfen,
aus der Sehnsucht der erloschenen Sterne,
noch einmal leuchten zu dürfen,
aus der Sehnsucht des Blinden,
sehen zu können,
aus der Sehnsucht des Verfolgten,
Frieden zu finden,
aus Sehnsucht,
nur aus Sehnsucht
ist das Weltall aufgebaut.“

(in: Martin Gutl, der tanzende Hiob, Graz, Wien, Köln 1975, S. 91)

Wenn das Weltall aus Sehnsucht aufgebaut ist, dann auch wir Menschen. Ich bin überzeugt, den Menschen kannst du nur verstehen, wenn du die unbändige Kraft der Sehnsucht in ihm wahrnimmst und zu verstehen suchst.
Sehnsucht lässt Menschen Nähe suchen, Freunde, Partner, Ehepartner. Meine Sehnsucht sehnt sich nach dem, was Sehnsucht hat nach mir. Sehnsucht lässt die Frau den Mann, den Mann die Frau suchen, sie lässt Nähe zum Glück werden, zur Quelle des Lebens. Hätten meine Eltern nicht Sehnsucht gehabt, es gäbe mich nicht. Wir alle sind Früchte der Sehnsucht.
Leben entfaltet sich in der Kraft der Sehnsucht. Ein Kind ist gebündelte Sehnsucht nach Wachsen, nach Entfaltung. Der Erwachsene lebt aus der Sehnsucht zu blühen, zu reifen, Frucht zu bringen. Der alte Mensch sehnt sich nach den Früchten seines Lebens und oft nach dem Wiedersehen mit dem verstorbenen Partner. Leben entfaltet sich aus der Kraft der Sehnsucht. Die Sehnsucht lässt suchen.
Dabei richtet sich Sehnsucht nicht nur auf die Ebene menschlicher Beziehungen. Sie richtet sich ebenso auf Werte. Solche Sehnsucht nehme ich zur Zeit (März 2003) wahr: Menschen gehen in großer Zahl auf die Straße und bringen ihre Sehnsucht nach Frieden, nach Erhaltung des Friedens, nach Menschenwürde zum Ausdruck. Werte können Ziel unserer Sehnsucht sein. Solche Sehnsucht hatte vor 14 Jahren die Kraft, eine Mauer und einen „eisernen Vorhang zu durch-

brechen: Sehnsucht nach Freiheit, Frieden, Menschenrechten und -würde. Aus Sehnsucht ist der Mensch in Bewegung.

Was ist es mit der Kraft der Sehnsucht in uns?

Ich glaube wahrzunehmen, dass viele Menschen mit ihrer Sehnsucht nicht zurecht kommen. Sie lösen die Sehnsucht in Sehnsüchte auf, den Singular in den Plural, die Einzahl in die Mehrzahl. Das ergibt Sehnsucht in kleinen Portionen. „Sehnsüchte" ist mir ein äußerst unsympathisches Wort, weil es im Menschen der Illusion Nahrung gibt, er selbst sei in der Lage, Antwort auf seine Sehnsucht zu geben, seiner Sehnsucht Erfüllung und Befriedigung zu schaffen. Die Werbung, vor der sich kaum einer retten kann, der im Fernsehen einen Film ansehen will, gaukelt ja diese Verheißung kräftig vor und verstärkt die Illusion. Doch das führt in die Enttäuschung:
Da hat jemand Sehnsucht nach einem Menschen - und wechselt auf der Suche nach Erfüllung von einem zum anderen, weil keiner seine Sehnsucht wirklich beantworten kann. Da hat einer Sehnsucht nach Liebe, nach Zärtlichkeit sucht sein Glück im sexuellen Rausch, dem nur zu schnell die Ernüchterung folgt, wenn er nicht eingebettet ist in liebende Beziehung. Da hat einer Sehnsucht nach Glück und rast den Glücksangeboten der Werbung nach, die verkaufen will, nicht Sinngebung schenken. Da hat einer Sehnsucht nach Leben und lebt „auf Teufel komm raus" - und der kommt tatsächlich manchmal dabei heraus, nicht Leben.
Bei der menschlichen Sehnsucht, die in Angeboten des Hier und Heute Antwort zu finden meint, bleiben immer Reste. Es gibt hier und jetzt keine voll beantwortete und erfüllte Sehnsucht. Selbst wenn zwei Menschen in ihrer Partnerschaft mit dem Gefühl leben: Ich habe den Partner fürs Leben gefunden, der die Antwort auf meine Sehnsucht ist! - spätestens am Grab des anderen merkst du, dass er begrenzt, weil sterblich, ist; er lässt dich mit deiner Sehnsucht zurück.
Es gibt keine erfüllte Sehnsucht, solange der Mensch auf der Erde lebt. Das hat seinen Grund darin, dass Sehnsucht ihrem Wesen nach maßlos ist. Es gibt keine maß-volle Sehnsucht: maßvoll wäre sie keine Sehnsucht. Wer mit der Sehnsucht lebt, ist hier nie am Ziel. Augustinus hat recht, wenn er in seinen „Bekenntnissen" schreibt: „Unruhig ist unser Herz bis es zur Ruhe kommt in Gott." Weil sie maßlos ist, habe ich den Eindruck: Meine Sehnsucht hat mit Gott zu tun. Warum? Weil

Gott selbst maßlos ist. Wer könnte Gott messen? Niemand! Gott ist maßlos. Ich kann staunen über seine Größe und Unermesslichkeit, aber messen kann ich ihn nicht.
Dieser maßlose Gott hat mich erschaffen. Als er – ich greife das biblische Bild auf (Gen 2,7) – mir den Lebensatem in die Nase blies, hat er mir die Sehnsucht hineingeblasen, als Teil von sich selbst, einen Teil seiner Maßlosigkeit. Wenn ich frage, wo bin ich denn Gott ebenbildlich, kann ich auf Suche gehen: Schaue ich in den Spiegel, schaue ich an mir herauf und herunter: ich weiß nicht, ob ich da viel Gottebenbildlichkeit entdecke. Gottebenbildlichkeit spiegelt sich in mir als Mensch in meiner Sehnsucht. In der maßlosen Sehnsucht bin ich Gott, dem Maßlosen, ähnlich. Sehnsucht kommt aus Gott, sie treibt uns an zu leben, zu suchen, Gott zu suchen, und sie kommt erst zur Ruhe, wenn sie dort wieder mündet, von wo sie ausgegangen ist, in Gott.
Solche Sehnsucht lebt in mir, drängt mich, treibt mich, lässt mich suchen und macht mich unruhig. Je mehr Gott sich entzieht, desto mehr heizt er die Sehnsucht an. Sehe ich auf die vielen Suchbewegungen unserer Zeit, frage ich mich: Ist nicht zutiefst alles Suchen, und wenn es sich noch so gründlich verrennt und verirrt, Suchen nach Gott, Gottessuche? Mancher kommt zur Ruhe, wenn er den inneren Durchbruch schafft und spürt: Dieses Gehetzt- und Getriebensein von einem zum anderen kann es nicht sein; ich möchte Gott suchen und mein Leben in ihm festmachen. So kann mich meine Sehnsucht zum Gottsucher machen, wenn ich die Sehnsucht aushalte.

Leitbilder mit langem Atem

Was braucht der getriebene Mensch unserer Tage? Ich ahne: er braucht Menschen, die ihre Sehnsucht anschauen, die den langen Atem haben, diese angeschaute Sehnsucht auch auszuhalten. Zunächst muss ich meine Sehnsucht anschauen. Ich brauche Offenheit für die Wahrheit und Wirklichkeit: Da lebt etwas in mir, das maßlos ist, es bedrängt und treibt mich in seiner Maßlosigkeit. Das nicht wahrhaben zu wollen, ist Selbstbetrug. Dieser wahrgenommenen maßlosen Sehnsucht heißt es dann mit langem Atem, der nicht so schnell resigniert und aufgibt, auf der Spur zu bleiben.
Darum braucht der Mensch unserer Zeit Leitbilder, die Lust haben, diesem Geheimnis des maßlosen Gottes auf der Spur

zu sein und überall auf der Suche zu bleiben, wo sich Antwort anbahnt. Wir brauchen Menschen, die sich mit langem Atem Gott vertraut machen – auch als den, der sich entzieht, der unsichtbar ist. Wir brauchen Menschen, die sich Gott vertraut machen, damit sie in Situationen der Gottferne, der Fremdheit Gottes und der damit verbundenen Anfechtung ihn leichter erkennen und auch anderen dabei helfen können. Wir brauchen nicht zuletzt Menschen, die Lust haben, in guten Erfahrungen tiefer zu sehen und Gott dahinter zu entdecken.

Weiter brauchen wir eine Eigenschaft, die in der Bibel sehr wohl als Tugend benannt wird, die aber in unseren Tugendkatalogen kaum auftaucht: die Zähigkeit, eine typisch frauliche Tugend. In der Bibel wird sie jedenfalls an einer Frau verdeutlicht (Lk 18, 1–8). Die Witwe dieser Erzählung geht dem Richter auf die Nerven, sie bittet und bettelt, obwohl er nicht will. Schließlich sagt er: „Ich tue ihr den Gefallen, sonst kratzt sie mir noch die Augen aus." Solche Zähigkeit „bleibt am Ball", auch wenn die Erfolgschancen nicht groß sind. Es ist die Zähigkeit, wie sie der Beter des Psalm 63 ausdrückt: „Ich suche Dich, meine Seele dürstet, mein Leib schmachtet." Es ist die im Glauben wurzelnde Zähigkeit von Menschen wie Ernst Ginsberg. Der 1964 gestorbene, vom Judentum zum Katholizismus konvertierte Schauspieler in Frankfurt litt an einer Krankheit, die ihm nach und nach den ganzen Körper lähmte. Am Ende konnte er nur noch mit Zeichen diktieren, so auch die folgende Gedichtstrophe:

> Ich falte
> die Hände,
> die lahmen,
> im Geist
> und bete
> ins Dunkel,
> dass es
> zerreist."
> (Ernst Ginsberg, Beklemmung, in:
> Abschied, Zürich 1965, S. 237f)

Langer Atem, Zähigkeit, Ausdauer weil die Sehnsucht mich drängt, Gott zu finden: solche Menschen braucht unsere Zeit.

Eine zweite Gruppe von Leitbildern sind für mich die drei Weisen aus dem Morgenland. Sie sind für mich der Inbegriff

von Menschen, die ihrer Sehnsucht folgen. Was bewegt sie, unvertrautes Land zu verlassen und nichts als einem Stern zu folgen? Der Stern der steht korrespondierend zur Sehnsucht in mir, ist die nach außen projizierte Sehnsucht, die in mir lebt. Diesem Stern folgen sie. Der Stern hat die einladende Botschaft: Was Du suchst, findest du vielleicht nicht in deinem vertrauten Lebensumfeld, darum brich auf, geh in ein unvertrautes Land, geh aus deinen engen Grenzen heraus, folge mir und mach Dich auf Überraschungen gefasst. Die drei Könige, wie sie der Volksmund getauft hat, sind Urgestalten der Sehnsucht und der Gottsuche.
Die Sehnsucht ist es, die uns am Leben und in Bewegung hält. Die Sehnsucht ist es, die uns Gott auf der Spur bleiben lässt. Gottsucher bleiben lässt, vorausgesetzt, wir haben den langen Atem. Antoine de Saint-Exypéry schreibt sinngemäß das folgende: „Wenn Du ein Schiff bauen willst, so trommle nicht Leute zusammen um Holz zu beschaffen, Werkzeuge vorzubereiten, Aufgaben zu vergeben und die Arbeit einzuteilen, sondern wecke in ihnen die Sehnsucht nach dem weiten, endlosen Meer." Übertrage ich das auf mein Thema, könnte es lauten: „Wenn Du am Reich Gottes in dieser Welt bauen willst, dann trommle nicht Leute zusammen die organisieren, verwalten, strukturieren, an Schreibtischen sitzen, Aufgaben verteilen und Arbeiten vergeben. Wenn du am Reich Gottes bauen willst, dann wecke in den Menschen die schlummernde Sehnsucht nach dem maßlosen Gott.

Das Herz dieses Menschen sucht mich

Schließen möchte ich diesen Gedankenkreis mit einer Legende, die mir nicht so recht in den roten Faden meiner Überlegungen passt, gleichzeitig aber so schön ist, dass ich sie einfach nicht weglassen will. Sie bricht das Thema noch einmal in eine andere Richtung auf, nämlich in Richtung von Gottsuchern in anderen Religionen. Diese Legende stammt aus Persien. Leo Tolstoi gibt sie in seinem „Lesering" weiter: Einmal vernahm der Erzengel Gabriel die Stimme Gottes aus dem Paradies – Gott segnete einen Menschen. Der Engel sagte sich: „Wahrscheinlich ein gewichtiger Diener des Allerhöchsten, wahrscheinlich ein heiliger Einsiedler oder Weiser." Der Engel stieg auf die Erde nieder um diesen Menschen zu finden, konnte ihn aber weder im Himmel noch auf Erden finden. Darauf wandte er sich an Gott und sagte:

„O Herr, zeig mir den Weg zum Gegenstand deiner Liebe." Gott antwortete: „Geh ins Dorf, und dort wirst du in einem kleinen Tempel ein Licht erblicken." Der Engel steig zu dem Tempel hernieder und sah dort, dass ein Mensch vor einem Götzen betete. Der Engel kehrte zu Gott zurück und sagte: „O Herr, du wirst doch nicht liebend auf einen Götzendiener schauen." Gott sagte: „Ich schaue nicht darauf, dass er mich falsch versteht. Zu verstehen, wie ich wirklich bin, vermag keiner der Menschen. Und selbst der größte Weise unter den Menschen ist vom richtigen Verstehen dessen, was ich bin, so weit entfernt wie dieser Mensch. Ich schaue nicht auf den Geist, sondern auf das Herz,. Das Herz dieses Menschen sucht mich aber und ist mir deshalb nahe."

(Leo N. Tolstoi, Späte Erzählungen,
Parkland Verlag, Stuttgart 1976, 739)

Gebet

Du verborgener Gott, dich suche ich:

bewusst
in meinem Fragen und Forschen,
in meinen Gebeten und Meditationen,
in meinen Gesprächen und Diskussionen.

unbewusst
in der Unruhe meines Herzens,
im Umgetriebensein meiner Sehnsüchte,
im Hunger nach „mehr".

Du verborgener Gott, dich suche ich:
mit meiner ganzen Sehnsucht,
die sich
bewusst oder unbewusst
nach dir ausstreckt,
und
mit meinem unruhigen Herzen,
das erst zur Ruhe kommt,
wenn es ankommt bei dir,
wenn du ankommst bei ihm.

Du verborgener Gott,
DICH SUCHE ICH.

Meditation zu Lk 2, 8

Es war Nacht
als er Mensch wurde.
Und diese Nacht
war mehr
als eine Tageszeit:

Nacht des Leids,
Nacht der Angst,
Nacht der Not,
Nacht der Hoffnungslosigkeit,
Nacht der Verstrickung,
Nacht des Verzweifelns,
Nacht der Irrwege,
Nacht des Desinteresses,
Nacht der Gedankenlosigkeit,
Nacht der Gleichgültigkeit,
Nacht der Verlassenheit,
Nacht der Gott-Verlassenheit,
Nacht.

Gleichzeitig
Nacht des Zweifelns,
Nacht des Fragens,
Nacht des Suchens,
Nacht des Tastens,
Nacht der Ausschau,
Nacht des „Warum"-Schreis.

Es war Nacht,
als er Mensch wurde.

Nacht,
Finsternis,
Gottesfinsternis -
SEHNSUCHT,
der verborgene Gott
möge erscheinen,
sichtbar werden,
spürbar werden,
einen neuen Morgen bringen,
neues Licht,
neue Hoffnung,
neues Vertrauen,
neues Leben.

2.

Suchst du Gott, dann such ihn unten

Gedanken zu einer geerdeten Spiritualität

Schrifttext: Mk 1, 14–18

> *Nachdem man Johannes ins Gefängnis geworfen hatte, ging Jesus wieder nach Galiläa; er verkündete das Evangelium Gottes und sprach: Die Zeit ist erfüllt, das Reich Gottes ist nahe. Kehrt um, und glaubt an das Evangelium.*
> *Als Jesus am See von Galiläa entlangging, sah er Simon und Andreas, den Bruder des Simon, die auf dem See ihr Netz auswarfen; sie waren nämlich Fischer. Da sagte er zu ihnen: Kommt her, folgt mir nach. Ich werde euch zu Menschenfischern machen. Sogleich ließen sie ihre Netze liegen und folgten ihm.*

Gottes Lieblingsort: unten

In einer Stadt in Russland lebte ein jüdischer Rabbi. Von diesem Rabbi erzählten sich die Leute, dass er jeden Morgen vor dem Frühgebet zum Himmel aufsteige. In der gleichen Stadt wohnte ein Mann, der lachte darüber. „Ich werde den ganzen Schwindel aufdecken“, sagte er. Und er legte sich frühmorgens noch vor dem Sonnenaufgang beim Haus des Rabbi auf die Lauer.
Und tatsächlich: ganz früh am Morgen verließ der Rabbi sein Haus. Er hatte sich als Holzknecht verkleidet und ging in den nahegelegenen Wald. Der Mann folgte ihm vorsichtig und beobachtete genau, was der Rabbi tat: der fällte Holz und hackte es in Stücke, er lud sich das Holz auf den Rücken und schleppte es in das Haus einer armen Frau. Die war alt und krank. Der Mann spähte vorsichtig durch das Fenster. Da sah er: Der Rabbi kniete auf dem Boden und machte den Ofen an.
Als er in die Stadt zurückkam, fragten ihn die Leute: „Na, hast du den Schwindel aufgedeckt? Was ist denn nun dran an der täglichen Himmelfahrt des Rabbi?“ Der Mann antwortete ganz beschämt: „Der Mann steigt noch höher als bis zum Himmel. (nach Gisela Hommel, Der siebenarmige Leuchter, München 1976,15)
Gott und sein Himmel: das ist für viele hoch da oben, auf jeden Fall ganz weit weg. In dieser Legende ist der Himmel ganz nah, ganz unten, ganz am Boden. Sicher wird der Rabbi auch anderswo nach Gott gesucht haben, etwa im Lehrhaus. Er wird in den Schriften nach Gott gesucht und geforscht ha-

ben, er wird im Gottesdienst, in der Meditation, im Gebet, im Feiern Gott gesucht und vielleicht auch gefunden haben. Diese Legende erzählt von einem Fundort Gottes, der überraschend neu ist: Ganz unten, in einer hilfsbedürftigen Frau, begegnet er Gott und er dient diesem Gott, indem er tut, was der Situation angemessen ist: er fällt Holz, entzündet Feuer, wärmt die Wohnung dieser Frau. Diese Legende durchbricht die gewohnten Wege der Gottsuche wie Gebet, Forschen in den Schriften, Liturgie, geistliches Gespräch, theologischen Diskurs, Meditation. Diese Legende bricht zu einer Gotteserfahrung durch, die sich im Thema dieses Kapitels verdichtet: Suchst Du Gott, dann such ihn unten.
Ohne deswegen andere Wege und andere Orte des Gottsuchens in Frage zu stellen, es gibt Orte der Gottsuche, die wir leicht übersehen, von denen ich den Eindruck habe, dass es Gottes Lieblingsorte sind, und die sind „unten". Jedenfalls haben schon viele, die Gott suchten, eine überraschende Entdeckung gemacht. Sie suchten Gott oben, aber sie fanden ihn unten.
So etwa die drei Weisen (vgl. Mt 2, 1–12): Sie suchten Gott am Hof des Herodes, bei „denen da oben". Wo sollte man einen König, wo sollte man Gott suchen, wenn nicht am Hof des Königs, also oben. Alle überkommenen Gottesbilder richten die Gottsuche nach oben aus. Sie fanden ihn jedoch unten, im Stall, bei Hirten und Vieh. Sie fanden ihn überraschend mitten im Alltag der einfachen Leute. Da war Gott zu finden, ganz nah an unserer alltäglichen Lebenswirklichkeit. Aber, wer sucht ihn da schon? Den ganz anderen Gott sucht man halt auch ganz woanders. Kein Wunder, dass die drei zunächst anderswo suchten – wie viele von uns auch.
Eine ähnliche Erfahrung machte die Sünderin, von der Lukas erzählt (7, 36–50). Sie fand Gott nicht bei dem Pharisäer Simon, der an jenem Abend Gastgeber war, einer von „denen da oben". Wie hätte sie ihn dort auffinden sollen, der hatte sie doch längst in eine Schublade eingeordnet: Das ist „so eine", und in diese beiden Wörter „so eine" muss man sich allen verächtlichen Unterton, dessen man fähig ist, dazudenken. Das ist „so eine", die ist weit weg von Gott, eben eine Sünderin. Bei Simon, dem von „da oben", findet sie Gott nicht. Sie findet ihn unten, zu Füßen Jesu, dort unten, wo sie ihre Tränen weint. Sie, die selbst ganz unten ist, findet ihn da, wo sie selber ist. Eine heruntergekommene Frau findet den „heruntergekommenen" Gott, wie Bischof Franz Kamphaus

einmal die Menschwerdung Gottes, seinen Weg nach unten, gedeutet hat. Sie ist ganz unten - findet dort Gott, und der richtet sie auf.
Ein anderer, der diese Erfahrung macht, ist der „verlorene Sohn“ (Lk 15, 11-32). Er jagt dem Glück nach. Er ist einer von denen, die es auch heute in großer Zahl gibt: Von Sehnsucht getrieben, sucht er geradezu süchtig, das Leben zu genießen. Doch in diesem Leben in Saus und Braus findet er Gott nicht. Stattdessen landet er in der Gosse. Als er dort ist, ganz unten, ganz heruntergekommen, findet er Gott. Er findet ihn ganz nah, in seinem eigenen Herzen: das Bild seines guten Vaters, das er von klein auf kannte. Er musste erst ganz herunterkommen, ganz nach unten, um das Bild seines guten Vaters wiederzufinden. Und dieser gute Vater führt ihn einen Weg zu neuem Selbstbewusstsein und neuem Leben. Vielen Eltern, die sich Sorgen um Irrwege ihrer Kinder machen, sei es als Trost gesagt.
Gott ganz unten finden, dabei denke ich auch an den Verbrecher (Lk 23,40ff), der ganz oben(am Kreuz) ganz unten war. Er fand Gott nicht im hohen Rat, er fand Gott nicht bei Pontius Pilatus. Aber bei dem, der neben ihm am Kreuz „ganz unten“ war, fand er ihn und er bat: „Herr gedenke meiner, wenn Du in Dein Reich kommst!“. Als Antwort hörte er: „Heute noch wirst du mit mir im Paradies sein!“ Als er oben am Kreuz ganz unten, ganz am Ende war, fand er Gott.
Auch Franziskus von Assisi fand Gott unten. Er war der verwöhnte Sohn des reichen Tuchhändlers Pietro Bernardone aus Assisi. Er gehörte zu den „oberen Zehntausend“ dieser Stadt. Selbstverständlich suchte er Gott „oben“. Darum wollte er nach oben, wollte Karriere machen, wollte Ritter werden. Aber auf dieser Spur fand er Gott nicht. Als ihm aber ein Aussätziger begegnete, als er vom „hohen Ross“ im doppelten Sinn des Wortes, herunterstieg, den Aussätzigen umarmte und küsste, da fand er Gott: unten, am Boden, bei den Armen, bei den einfachen Leuten.
Schon viele, die Gott suchten, haben die überraschende Entdeckung gemacht: Sie suchten Gott oben und fanden ihn unten.

Beeindruckend kennzeichnet diese Erfahrung auch die jüngere Geschichte der lateinamerikanischen Kirche. Mit den Eroberern - schon in dem Wort steckt das Wort „oben" - war sie ins Land gekommen. Sie hat mitgewirkt an der Versklavung der Menschen. Sie war wie selbstverständlich - von Ausnahmen abgesehen, die aufatmen lassen - auf der Seite „derer da oben", der ganz Reichen, der Großgrundbesitzer. Durch ihr Leben und ihre Parteinahme verkündete sie ohne viele Worte: hier „oben" ist selbstverständlich auch Gott.
Dann machte diese Kirche eine Bekehrung durch. Angeregt durch die Theologie des Volkes Gottes, wie sie das zweite vatikanische Konzil formuliert hat, angewidert durch die Korruption und die Machtwillkür „derer da oben" entdeckte diese Kirche „die da unten", die einfachen Leute. Sie entdeckte, dass Gott schon längst aus den Gräbern von Reichtum, Korruption, Mord und Selbstgerechtigkeit auferstanden war - hinein in die Herzen der einfachen Leute; dort lebte er, dort lebt er: verwundet zwar, dornengekrönt zwar, aber lebendig.
Leitfiguren dieser lateinamerikanischen Kirche durchlebten Bekehrungsprozesse. Bischöfe wurden von Kirchenfürsten zu Geschwistern der Armen, Verfolgten und Unterdrückten, etwa Erzbischof Oscar Romero, der diese Bekehrung mit dem Leben bezahlte, Kardinal Arns, der für seine eindeutige Parteinahme für die Armen zwar manche Ehrung bekam, aber gleichzeitig viele Demütigungen hinnehmen musste, Bischof Pascasio Rettler, gebürtig aus der Erzdiözese Paderborn, der mit Treue die Rechte der Landarbeiter seiner Diözese Bacabal vor den Großgrundbesitzern in Schutz nahm (und seit seiner Emeritierung als Kaplan in einem Lepradorf lebt und arbeitet). In dieser Kirche bildete sich im Gefolge der Dokumente des lateinamerikanischen Episkopats von Medellin(1968) und Puebla (1979) die Leitlinie heraus: „Die Armen sind unsere Lehrmeister!" - vielleicht eine andere Formulierung des Themas „Suchst du Gott, dann such ihn unten."
Eine Kirche vor Ort hat Gott dort entdeckt, wohin er selbst bei seiner Menschwerdung aufgebrochen ist, ganz unten, bei Hirten, Zöllnern, Ausgesetzten, Kranken und Sündern. Dort „unten", bei den einfachen Leuten an der Basis haben sich lebendige Gemeinden entwickelt, Basisgemeinden, die ihr Le-

ben aus dem Vertrauen gestalten „Gott ist in unserer Mitte. Gott ist unten, an der Basis, bei uns. Wir sind miteinander sein Volk auf der Suche nach unserem Gott". Diese Kirchen sind bis auf den heutigen Tag mit Leben gefüllt, Kirchen, die die Basis sehr ernst nehmen. Das sind weltkirchliche Erfahrungen, die mich zu der Einladung ermutigen: Suchst Du Gott, dann such ihn unten!

Vom Himmel herabgestiegen - „descendit"

Theologisches Fundament für eine solche Umkehr ist nichts geringeres als das Ereignis, dessen zweitausendjährige Wiederkehr wir vor drei Jahren gefeiert haben, die Inkarnation, die Menschwerdung Gottes, über die der Philipperbrief sagt (Phil 2, 6ff):

> „Er war wie Gott - bildlich: ganz oben -
> hielt aber nicht daran fest wie Gott zu sein,
> sondern entäußerte sich,
> wurde wie ein Sklave - ging nach ganz unten -
> und uns Menschen gleich."

Der in Jesus nach unten, herunter gekommene Gott steht in der Mitte dieses Hymnus aus dem Philipperbrief. Das Glaubensbekenntnis sagt das Gleiche in einem markanten Satz und darin in einem noch markanteren Wort: „Für uns Menschen und zu unserem Heil ist er vom Himmel *herabgestiegen*", lateinisch: „descendit". Dieses „descendit" ist eine deutliche Bewegung von oben nach unten, vom Himmel zur Erde. Auch gesellschaftlich ist dieses „descendit" eine Bewegung nach unten - zu den Kleinen, zu denen, über die andere sagten: „die da unten". Aber auch zu denen, die „unten" waren, obwohl es ihnen in ihren Lebensverhältnissen gar nicht so schlecht ging. Ich meine Menschen, die „unten" waren, weil sie suchten und fragten, weil sie auf Trümmern standen, weil sie menschlich verkümmert oder gescheitert waren. Wer wüsste nicht um die Ausprägungen menschlicher Armut, die einen Menschen herunterziehen, selbst wenn es ihm materiell gut geht. Zu all „denen da unten" begab sich Gott in der Menschwerdung Jesu. Er wird arm, einer von uns, damit der Mensch „ganz unten" ihn an seiner Seite findet. Das ist auch der Mensch, der an den Rand geraten ist - am Rand ist man immer ganz unten!

Offensichtlich lebt in Gott eine Sehnsucht nach uns Menschen, und zwar nach allen Menschen. Wer sind alle, wenn nicht auch die Geringsten. Er hat kein „oben“ und „unten“ geschaffen, er hat keine Menschen erschaffen, die mehr wert sind als die anderen. *Alle sind seine Menschen.* Darum möchte er auch alle erreichen, wenn er zu uns Menschen kommt. Wie aber sollen die Geringsten, die Kleinen, die in der Gesellschaft unten und am Rand sind, einen Gott finden, der sein Leben in der Menschwerdung bei „denen da oben“ ansiedelt, bei den Mächtigen, bei denen, die verfügen können? Kaum einer schafft es, die gesellschaftlichen Grenzen von unten nach oben zu durchbrechen, vielleicht der eine oder andere Revolutionär. Will Gott auch von den Geringsten gefunden werden, muss er selbst den Durch-bruch von oben vollziehen. Das hat er getan. Darum wurde er Kind „kleiner“ Leute, darum wurde er in einem Viehstall geboren, umgeben von einfachen Menschen und Tieren. So kann ihn jede und jeder an seiner Seite finden, auch der, um den „die da oben“ gern einen Bogen machen. „Descendit“, er ist herabgestiegen bis ganz unten an die Seite der Geringsten, weil er Sehnsucht hat nach uns Menschen.
Michael Ende erzählt in seinem Buch „Jim Knopf und Lukas der Lokomotivführer“ (Stuttgart/Wien 1990, S. 124ff) von einem Riesen und seinem Geheimnis. Als Lukas und Jim Knopf den Riesen am Horizont sehen, erschrecken sie und wollen weglaufen. „Bitte lauft nicht fort“, bettelt der Riese. Während er näher kommt, wird er immer kleiner, und als der Riese neben ihnen steht, hat er die Größe eines normalen Menschen. Die beiden schauen ihn verblüfft an. Er erklärt: Jeder Mensch hat ein Geheimnis, so auch ich. Jeder andere, der sich entfernt, wird zum Horizont hin immer kleiner. Bei mir ist es umgekehrt, ich werde immer größer. Und er fährt fort: *„Je weiter ich entfernt bin, desto größer sehe ich aus. Und je näher ich komme, desto mehr erkennt man meine wirkliche Gestalt.“* Dieser Satz könnte aus dem Mund Gottes stammen. Gott ist herabgestiegen, ist nach „unten“ zu uns Menschen gekommen, weil er eine Sehnsucht hat, dass wir seine wirkliche Gestalt erkennen.

Ausgerechnet die Kleinsten

Es ist überraschend, wie stark es unseren Gott nach unten drängt. Es ist überraschend, wie sehr dieser Gott ein Gespür für die Kleinen und auch für das Kleine hat. Das wird für mich sichtbar in den Erzählungen der Bibel, in denen er Menschen beruft:
Da ist die stramme Garde der Söhne Isais. Doch wen beruft Gott zum König? Nicht die älteren Brüder. Der Reihe nach sagt Gott: „Der nicht!" Übrig bleibt David, der Jüngste. Den beruft Gott, ausgerechnet den Jüngsten (1. Sam 16,1-13).
Da hätte es in Nazareth und in ganz Galiläa mit Sicherheit auch noch eine Reihe anderer Frauen gegeben, auch aus höheren Schichten. Doch wen beruft Gott zur Mutter seines Sohnes? Die einfache Frau aus dem Volk, Maria. (Lk 1, 26ff)
Da hätte er in das Kollegium seiner Apostel wahrhaftig Auserwähltere hineinberufen können, Priester, Pharisäer, Schriftgelehrte. Und wen beruft er als seine Sachwalter, als Felsen, auf die er die Kirche baut? Fischer, die halbnackt im See herumspringen, um zu fischen. (Mk 1, 14ff)
Wenn Gott ruft, behält er das Gespür für den Reichtum, die Begabungen und Fähigkeiten, die er in jeden Menschen, auch in den Kleinsten, hineingelegt hat. Gott macht - bildlich gesprochen - in dieser Auswahl der Berufungen eine Verbeugung vor allem, was klein, was unten, was am Rand ist. Er sagt: Auch da, im Kleinen und Unauffälligen bin ich gegenwärtig - und darum bin ich da auch zu finden.

Und die Kirche Gottes?

Auf diesem Hintergrund stellt sich die Gretchenfrage: Und wir, seine Kirche? Wo tritt Kirche für die Menschen in unserer Gesellschaft hier und heute in Erscheinung? Es ist gut, bei dieser Frage nicht nur auf die „offizielle Kirche" zu schauen, sondern auch ins eigene Herz. Tritt Kirche nicht gern auf Podesten, in der Mitte, auf Ehrenplätzen in Erscheinung? Ist sie nicht gern bei denen zu finden, die im Rampenlicht stehen - oft begleitet vom bitteren Beigeschmack, den Berthold Brecht in die knappen Worte fasst: „Und Du siehst nur die im Lichte, die im Dunkeln siehst Du nicht." Ist das möglich: ein Gott, den es so eindeutig nach unten zieht - und eine Kirche, die offensichtlich einen Drang nach oben hat?

Vielleicht hängt das damit zusammen, dass das Leben Jesu noch eine andere Bewegung kennt - nach „oben“. Das Credo umschreibt sie mit dem Wort „ascendit“, „aufgefahren“ in den Himmel. Im Umfeld dieses „ascendit“ finden sich Worte wie: Erhöhung zur Rechten Gottes, Herrlichkeit, Glorie, Triumph. Darin liegt eine Versuchung. Seit der constantinischen Wende zu Beginn des 4. Jahrhunderts, seit der Hochzeit von Kirche und Politik, ist die Kirche auf allen Ebenen dieser Versuchung immer wieder erlegen. Viele Glieder der Kirche fühlen sich an der Seite des erhöhten Christus wohler, als an der Seite des menschgewordenen und heruntergekommenen Jesus. Das kann nur auf einem gründlichen Missverständnis von „ascendit“, von „aufgefahren“ liegen. Das Heraufsteigen Jesu zu seinem Vater ist verbunden mit der „Herabsendung“ des Heiligen Geistes. Da findet sich die Richtung nach „unten“ wieder.
Dieser Heilige Geist ist es, von dem die Sequenz des Pfingstfestes singt: „Vater aller Armen, köstlich Labsal in der Not, Trost in Leid und Tod.“ Mit der Auffahrt Jesu verbindet sich die Herabsendung des Heiligen Geistes - und das, nicht die Himmelfahrt Jesu, ist die Berufungsstunde der Kirche. Heimkehr zur Rechten des Vaters, Auffahrt in den Himmel - das ist für uns als Kirche Zukunftsverheißung. Die Gegenwart heißt: Ihr seid berufen, unten zu sein, am Boden, an der Basis, bei den Menschen, mit den Beinen auf der Erde.
Unsere sehenswerte Kirche auf dem Hülfensberg (Obereichsfeld/Thüringen) hat eine Besonderheit. Der Boden der Kirche hat von hinten nach vorne ein Gefälle. Nirgendwo ist zu lesen, dass das in der Bauzeit der Kirche (1360) ein architektonisches Prinzip gewesen wäre. Wahrscheinlich sind die Baumeister mit dem Fußboden einfach dem natürlichen Gefälle des Berges gefolgt. Hinten am Portal ist der höchste Punkt der Kirche und vorne der tiefste. Der Altar unserer Kirche steht darum nicht am höchsten, sondern am niedrigsten Punkt der Kirche. Das ist eine Predigt ohne Worte. Dort ganz unten hat Jesus sein Leben und sein Opfer vollbracht. Dort ganz unten ist darum auch der Ort der Kirche. Und dort ganz unten ist auch der Ort derer, die in dieser Kirche mit Dienst und Amt betraut sind. Es ist gut, wenn die Kirche unten zu finden ist, an der Basis, in der Nähe der Hoffnungen und Nöte, der Tränen und des Lachens der einfachen Menschen.
Und es ist gut, wenn die Kirche „denen da unten“ etwas zutraut, denn da ist Gott zu finden. Wie viele Gaben, wie viele

Fähigkeiten kleiner und einfacher Leute kommen in unserer Kirche nicht zum Zuge. Wie viele Geistesgaben finden keinen Platz, weil sie nicht zugetraut werden. Wie viele Glaubenszeugnisse, die andere stärken und ermutigen könnten, werden nie gehört, weil man „da unten" zu hören hat und nicht zu reden. Ich wage zu fragen: Sündigen wir als Kirche auf allen Ebenen nicht gründlich und oft gegen den Heiligen Geist, weil wir ihm, wie es Altbischof Reinhold Stecher von Innsbruck einmal formuliert hat, „nur eine Windrichtung zugestehen, und zwar die von oben nach unten"? Der Geist weht wo er will, auch von unten nach oben. Wie viele Chancen, als Suchende Gott zu finden verpassen wir, weil wir der Basis unserer Kirche, den Menschen, den einfachen Leuten, zu wenig zutrauen, weil wir ihnen zu wenig Raum geben, das, was Gott ihnen als Gaben in die Wiege und als Glaubenserfahrungen in die Lebensgeschichte gelegt hat, weiterzugeben und zu bezeugen! Zu oft wird diese Chance nicht wahrgenommen - und wo sie wahrgenommen wird, nicht ernst- und angenommen. Unten, an der Basis der Gemeinden und der Kirche, ist viel von Gott zu finden: Ich muss mich ihm nur öffnen.
Es steht der Kirche nicht nur gut an, es ist verbindlich für sie, wenn sie sich auf Jesus und auf den von ihm gesandten Geist beruft, eine intensive ver- und zutrauende Beziehung nach unten, zu ihrer eigenen Basis zu pflegen. Es ist ihr Wesensauftrag, dass sie auch an den Rändern und unten aufscheint, bei den Menschen, die heruntergekommen und an den Rand geraten sind, dort, wo Menschen gemieden werden und sich oft verschämt verstecken. Auch „da unten", vielleicht sogar „gerade da unten" ist der Ort der Kirche, damit die Menschen dort Gott entdecken und finden können.

Ge-horchen, um zu leben

Diesem „unten" sein soll noch einmal die Aufmerksamkeit gelten. Es geht neben materieller Not auch um die Armut derer, die als verlorene Söhne und Töchter aus unterschiedlichen Gründen heruntergekommen sind. Es geht um die Armut derer, die trotz materiellen Reichtums unten sind, weil sie fragen, weil sie suchen und nicht mehr zurecht kommen. Und es geht um die Armut derer, die in ihren Lebensschicksalen gescheitert sind und dadurch an den gesellschaftlichen und oft auch an den kirchlichen Rand geraten sind und sich ausgeklammert fühlen. Die Kirche gehört an die Seite derer da unten, weil ihr Herr und Meister selber dort unten war und eine Sehnsucht hatte, dort unten zu sein. „Für uns Menschen und zu unserem Heil ist er vom Himmel herabgestiegen." Die Heillosen sollen ihn an ihrer Seite finden. Es bleibt eine Herausforderung zur Gewissenserforschung für jeden von uns, welches Gespür wir für alles, was „unten" ist, entwickeln. Daran entscheidet sich letztlich, wieweit wir Chancen und Reichtümer der Gottesbegegnung, die unten angesiedelt sind, wahrnehmen möchten oder verpassen.

Gott unten suchen: Das bedeutet eine kontinuierliche Herausforderung zur Bekehrung. Dazu kennt das Evangelium einen evangelischen Rat. Ordenschristen geloben ihn und halten ihn mit unterschiedlichem Erfolg. Da es aber ein evangelischer Rat ist, ist er für alle Christen wichtig: der Rat der Armut. Aus der Lebenshaltung der Armut kann eine Einstellung wachsen, die eine Offenheit schafft und fördert, Gott unten zu suchen und zu finden, ihm hier und heute in meiner eigenen Augenhöhe auf der Spur zu sein. Der evangelische Rat der Armut lädt zu einem Lebensstil ein, der unten bleibt, mit den Füßen auf dem Boden, mit einem Gespür für das Kleine und das Unscheinbare, mit einem sensiblen, menschlichen Einfühlungsvermögen in die Schicksale und Wege derer da unten. Eine solche Aufmerksamkeit kann in unserer Welt viel Leben ermöglichen.

Wie viel Leben wird zerstört, wie viel Krieg wird angezettelt, bei dem es letzten Endes um Reichtum geht. Aus einer Haltung der Armut wäre das nicht möglich, auch nicht das, was zur Zeit (März/April 2003) geschieht. Politiker entlarven sich selbst, wenn sie von der „Befreiung eines Volkes" reden, nach der „Befreiung" aber nicht die Menschen und ihre Kultur, sondern das Ölministerium schützen. Sucht nach Reichtum und Macht macht vergesslich für die Werte des Lebens. Wie viel Luxus leisten wir uns in Mitteleuropa und danken Gott dafür in sauber formulierten Tischgebeten, die wir nur erkaufen können um den Preis des Hungers von Menschen anderswo auf der Welt? Vielleicht findet mancher durch diese guten Gaben Gott, aber wie sieht das bei denen aus, die nicht haben und denen wir es gedankenlos nehmen?

Die Lebenshaltung der Armut lehrt loszulassen, lehrt die Größe im Kleinen zu entdecken, zu ermessen und zu schmecken. Sie verteilt die Güter dieser Erde gerecht, zumindest gerechter als heute; das bietet nicht nur einigen Privilegier-

ten, sondern vielen die Möglichkeit, Gott auf die Spur zu kommen.
Diese Lebenshaltung der Armut schenkt mehr Leben – und in diesem „mehr" die Möglichkeit, Gott auf die Spur zu kommen. Ich denke daran, wie beschenkt sich Menschen in Ländern von Dürre und Trockenheit von einem Glas Wasser fühlen. „Wasser ist Leben" war das überglückliche Wort eines Dorfältesten in Brasilien an dem Tag, als der neu gebohrte Brunnen zum ersten Mal frisches Wasser schenkte. Wasser ist Leben – ich gehe einen Schritt weiter: Leben ist Gott. Wenn ich meine Ansprüche so hoch setzte, dass ich auf ein Glas Wasser nur verächtlich herabschaue, fällt die Möglichkeit der Gottbegegnung im Einfachen, im Elementaren als „zu weit unten", unter meinem Anspruchsniveau, bei mir durch. Je mehr ich auch das kleinste, das was in der gängigen Werteskala ganz unten ist, als Geschenk sehe, desto mehr Leben wird mir geschenkt.
Wir brauchen eine neue Schöpfungsspiritualität, eine Spiritualität, die aus der Armut, der Einfachheit, der Anspruchslosigkeit kommt, die den Schöpfer nicht nur in den großen Dingen bewundert, sondern in den kleinen und kleinsten Dingen, ebenso in den kleinen und kleinsten Menschen. Es ist eine Spiritualität der Ehrfurcht vor dem, was Gott groß, aber auch klein – und auch ganz klein erschaffen hat. „Deus maximus in minimis", so stand es früher in der Fassade von Bienenhäusern zu lesen, „Gott ist am größten im Kleinsten". Diese Schöpfungsspiritualität, diese Spiritualität der Ehrfurcht vor dem ganz Kleinen, gibt mir die Chance, unten am Boden, dort, wo mein Leben und das Leben der Schöpfung verwurzelt ist, den Schöpfer zu finden, Gott zu finden, den ich suche.

Das Himmelreich ist nah

Der erste Teil des Schrifttextes, der am Anfang dieser Überlegungen steht, berichtet mit Worten des Markusevangeliums die ersten Worte Jesu in seinem öffentlichen Wirken: „Kehrt um, das Himmelreich ist nah!" „Nah!" Warum eigentlich wird dieses „nah" so oft zeitlich gedeutet, warum reden wir von „Naherwartung" und meinen „Es kommt bald!" – als wenn „nah" ein zeitlich zu verstehendes Wort wäre. Meine Erinnerung an den (weit zurückliegenden) Deutschunterricht sagt, dass „nah" ein räumliches Wort ist. Wenn Jesus sagt „Das Himmelreich ist nah!", will er nicht sagen, dass es bald kommt, sondern dass es ganz nah bei mir ist, vielleicht sogar *in* mir. Ich muss nicht da oben suchen, ich muss nicht weit weg suchen, sondern da, wo ich bin und möglichst auch ganz unten. Da finde ich das Himmelreich, da finde ich Gott. In Jesus, dem herunter gekommenen Gott, ist es ganz nah. Kein Wunder das Jesus vor diesen markanten Satz die Einladung setzt: „Kehr um!" „Kehr um von einer Suche, die dauernd anderswo hin will, die dauernd nach oben will, kehr um zu dir selbst. Kehr um in deinen Lebensraum unten, da findest du das Himmelreich, vielleicht sogar mitten drin in dir selber."

Wilhelm Willms hat das in einem Lied verdichtet:

> „Weißt du wo der Himmel ist,
> außen oder innen?
> Eine Handbreit rechts und links,
> du bist mitten drinnen.
>
> Weißt du wo der Himmel ist,
> nicht so tief verborgen,
> einen Sprung aus dir heraus,
> aus dem Haus der Sorgen.
>
> Weißt du wo der Himmel ist,
> nicht so hoch da oben,
> sag doch ja zu dir und mir,
> du bist aufgehoben."

Gebet

Du heruntergekommener Gott,
Du bist aufgebrochen aus deinem Himmel.
Du bist mir nahe gekommen.
Nicht in der Ferne muss ich dich suchen,
sondern in der Nähe.
Nicht nach oben muss ich mich ausstrecken,
um dich zu finden,
ich kann mich nach unten beugen
um deine Spur zu finden:
auf dem Boden,
im Unscheinbaren
bei den Kleinen,

bei denen, die „ganz unten“ sind,
bei den „Herunter-Gekommenen“.
Je länger ich hinschaue, mein Gott,
staune ich
über deine Größe im Kleinen.

Meditation
zu Lk 23, 40ff

Total verpfuscht
war sein Leben.
Er hatte sich selbst
aufs Kreuz gelegt,
aufs Scheitern
festgenagelt:
„Wir haben es uns
doch selbst
zuzuschreiben!“
sagt er zu dem,
der auf der anderen Seite
neben Jesus
am Kreuz hängt.
Total verpfuscht
war sein Leben,
hoffnungslos,
aussichtslos,
ehrlos,
am Boden,
unten.

Mehr unbewusst
als bewusst
bekommt er mit,
was sich da neben
und unter ihm abspielt.

Er hört Worte,
die ihn aufhorchen lassen:
„Vater,
vergib ihnen…“
Und er wird nachdenklich:
So viel Größe

bei so viel Hass?
Sollte vielleicht doch mehr
dahinterstecken?

Und er rafft
seinen ganzen Mut
zusammen,
nimmt die letzte Chance
seines Lebens wahr
und wendet sich
an Jesus.

Aus dem Nebeneinander
wird Begegnung:
„Denk an mich,
wenn du
in dein Reich kommst!“
Und er hört ein Wort,
das seine kühnsten Hoffnungen
übersteigt:
„Heute noch
wirst du mit mir
im Paradies sein!“

Weil Gott
in Jesus
an seiner Seite war,
ganz unten,
kam Hoffnung
in sein Leben,
wo es
nach menschlichem Ermessen
nichts mehr
zu hoffen gab.

3.

Suchst du Gott, dann such ihn hinter den Dingen

Gedanken zu einer kontemplativen Lebenshaltung

Schrifttext: Lk 18, 35–43

Als Jesus in die Nähe von Jericho kam, saß ein Blinder an der Straße und bettelte. Er hörte, dass viele Menschen vorbeigingen, und fragte: Was hat das zu bedeuten?
Man sagte ihm: Jesus von Nazaret geht vorüber.
Da rief er: Jesus, Sohn Davids, hab Erbarmen mit mir!
Die Leute, die vorausgingen, wurden ärgerlich und befahlen ihm zu schweigen. Er aber schrie noch viel lauter: Sohn Davids, hab Erbarmen mit mir!
Jesus blieb stehen und ließ ihn zu sich herführen. Als der Mann vor ihm stand, fragte ihn Jesus: Was soll ich dir tun?
Er antwortete: Herr, ich möchte wieder sehen können.
Da sagte Jesus zu ihm: Du sollst wieder sehen. Dein Glaube hat dir geholfen.
Im gleichen Augenblick konnte er wieder sehen. Da pries er Gott und folgte Jesus. Und alle Leute, die das gesehen hatten, lobten Gott.

Die „Verstecke" Gottes

„Ich verstecke mich und keiner will mich suchen", so klagt Gott in der Geschichte des Rabbis Baruch (vgl. Kapitel 1) Wo soll ich ihn suchen?
Ich stelle die Frage anders: Wo versteckt sich denn jemand? Erinnere ich mich an früher, an unsere Versteckspiele als Kinder: Normalerweise habe ich mich hinter Dingen versteckt, einer Mauer etwa oder einem Baum, hinter einem Busch, hinter einem parkenden Auto. Erwachsene verstecken sich manchmal hinter eine Maske – und das nicht nur zu Karneval. Manchmal versteckt man sich auch mitten drinnen: im Keller, im Schrank, im Gebüsch. Suche ich also jemanden und will ihn finden, muss ich hinter den Dingen suchen, vielleicht sogar *in* den Dingen. Suchst du Gott, dann such ihn hinter den Dingen, such ihn in den Dingen. Ob sich auch Gott da verbirgt, ob er sich da finden lässt?
Eine Geschichte erzählt von drei Steinmetzen, die an der Bauhütte am Kölner Dom saßen und ihre Arbeit taten. Sie bearbeiteten Steine. Gefragt, was sie tun, gab jeder von den Dreien eine andere Antwort.

Der erste erwiderte: „Du siehst doch, was ich tue, ich behaue Steine.“
Der zweite gab zur Antwort: „Ich verdiene Geld für meine Familie.“
Der dritte schließlich überraschte den Frager mit der Antwort: „Ich baue am Dom.“
Drei Männer, dreimal das gleiche Tun, dreimal eine unterschiedliche Antwort. Der erste bleibt beim Vordergrund, beim Oberflächlichen, „Du siehst, was ich tue, ich behaue Steine“. Der zweite entdeckt hinter der Arbeit an den Steinen seine Familie. Für sie da zu sein, für sie Sorge zu tragen, das gibt seinem Leben Sinn. Der dritte entdeckt hinter seinem Tun den Dom, die Wohnung Gottes, vielleicht Gott selber. Alle drei tun das Gleiche, aber in dem Maß, wie sie hinter die Dinge schauen, geben sie dem, was sie tun, eine andere Deutung, einen anderen Sinnzusammenhang.
Suchst du Gott, dann such ihn hinter den Dingen, hinter den Ereignissen, hinter den Menschen. Das ist eine recht mutige Behauptung. Ist er denn da? Da kann ja jeder kommen und behaupten, hinter den Dingen und in den Dingen sei Gott. Es ist gut, nicht vorschnell hinter allen Dingen Gottes Anwesenheit zu behaupten. Aber im Vertrauen, dass Gott auch in seiner Welt und in den Ereignissen dieser Welt aufscheinen kann, dass Menschen ihn durch Jahrhunderte dort immer wieder entdeckt haben, lohnt es sich, aufmerksam zu leben, um Gottes Anwesenheit nicht zu verpassen.

Aufmerken

Wenn ich auf der Suche bin, wenn ich ahne, wo Gottes „Versteck“ ist, dann werde und bleibe ich aufmerksam. Wenn ich etwa mitten im Gedränge einen Menschen suche, schaue ich sehr gründlich hin, durch das Gedränge hindurch. Ich kenne in etwa seine Figur, weiß, wie er sich bewegt. Irgendwann schaue ich dahinter und sage: Da ist er! Das kann ich nur, weil ich aufmerksam hingeschaut habe – auch hinter die erste und zweite Reihe.
Hinter den Dingen suchen, um zu entdecken, das verlangt Aufmerksamkeit. Will ich Gott in dieser Welt, in meinem Alltag hinter und in den Dingen und Ereignissen entdecken, heißt darum der erste und wichtigste Schritt: aufmerksam sein! Aufmerksam, schauen, lauschen, schnuppern, schmecken, riechen, tasten; mit allen meinen Sinnen aufmerksam

in der Welt sein. Bin ich wirklich aufmerksam? Wie oft laufe ich blicklos durch die Welt, sehe und sehe doch nicht. Ich bin, auch wenn meine Sinne funktionieren, wie der Blinde vor den Toren von Jericho.

Unterschiedliches kann mich blind machen, mir die Augen verschließen. Traurigkeit kann blind machen ebenso wie Liebe; ein Geschäftigsein, ein in-Gedanken-Sein kann blind machen. Ich bin zu einer Fastenpredigt rechtzeitig von zu Hause aufgebrochen. Ich habe die wunderschöne Frühlingslandschaft während der Fahrt genossen - bis der erste Stau auf der Autobahn kam. Plötzlich waren meine Augen gehalten. Die Sorge machte mich blind: Schaffe ich das noch rechtzeitig? Die Menschen sitzen im Dom und warten. Und ich habe nicht einmal die Telefonnummer der Domsakristei dabei. Hoffentlich komme ich pünktlich an! (Dem Leser sei verraten: Es hat so gerade geklappt.) Der Stau kam, und im gleichen Augenblick war es mit meiner Aufmerksamkeit für all die Schönheiten am Weg vorbei. Mein Blick war durch Sorge gefesselt.

Oft geht einem das so: Man geht in Gedanken durch die Stadt. Am nächsten Tag hört man hinten herum: „Der kennt wohl auch keine kleinen Leute mehr. Der ist gestern an mir vorbei gelaufen und hat nicht mal guten Tag gesagt." Ich habe ihn nicht gesehen, weil ich verstrickt war in meinen Gedanken. Oft laufe ich blicklos durch die Welt. Will ich Gott in dieser Welt entdecken, brauche ich Aufmerksamkeit und auch Ehrfurcht vor allem, was mir entgegen kommt, vor Menschen, vor Dingen, vor Ereignissen, vor der Schöpfung insgesamt.

Lebe ich in solcher Ehrfurcht und Aufmerksamkeit, staune ich, was ich alles sehe. Wenn Sie den nächsten Gang durch die Ihnen vertrauten Straßen Ihrer Stadt machen, versuchen Sie, den Weg mit ganz offenen Sinnen, nicht nur mit Augen und Ohren, sondern auch mit dem Herzen, zu gehen und zu sehen. Wahrscheinlich werden Sie staunen, was Sie am Weg entdecken, woran Sie schon zehn-, zwanzigmal vorbeigelaufen oder -gefahren sind, ohne dass Sie es wahrgenommen haben. Aufmerksam nehme ich mehr wahr. Wenn ich mehr wahrnehme, komme ich auch mehr ins Nachdenken und ins Tasten und Fragen, was denn wohl dahinter stecken könnte.

Die Kunst des verweilenden, gründlichen Hinschauens

Wer die Welt tiefer erleben will, wer Gott in ihr entdecken will, der muss die Kunst des verweilenden, gründlichen, aufmerksamen Hinschauens erlernen. Diese Kunst aufmerksamen Hinschauens spüre ich beeindruckend in einem Kurzgedicht der Lyrikerin Hilde Domin *(Gesammelte Gedichte, Frankfurt 2002, 293)*:

„Es knospt
unter den Blättern,
das nennen sie Herbst.“,

Der flüchtige Blick, der oberflächlich wahrnimmt und nicht gründlich hinschaut, sieht welkende Blätter, sieht das langsame, herbstliche Sterben der Natur – mehr nicht. Der aufmerksame, wachsame Blick entdeckt unter den sterbenden Blättern des Herbstes die Knospen des kommenden Frühlings, entdeckt mitten im Sterben Leben und Lebenszeichen. In diesen Lebenszeichen bekommt er vielleicht eine Ahnung von Gott.
Bei Luise Rinser lese ich einen Text mit ähnlicher Aufmerksamkeit:

Ich sehe überall Leben!
„Natürlich weiß ich, dass ich sterben muss. Aber was heißt das? Wer, wie ich, auf dem Land aufgewachsen ist und dort den Auf- und Abstieg der Jahreszeiten erlebt, und wer es mit Tieren und Pflanzen zu tun hat, der kann nicht übersehen, dass alles, was lebt, zum Sterben hin lebt. Er weiß aber auch, dass das biologische Sterben eine Uneigentlichkeit hat, die nur flüchtige Trauer zulässt: die Frucht stirbt, der Same überlebt; in der scheintoten Knospe wächst die Blüte, das Blatt, die Frucht; Abgestorbenes verfault, wird zu Erde und steigt in der von ihm genährten Pflanze wieder ans Licht; nichts geht ins Nichts; Sterben bedeutet nirgendwo das absolute Ende. Der aus der Natur herausgefallene Mensch sieht jedoch nichts als Schutthaufen, Autofriedhöfe, Müllabfuhr mit unbekanntem Ziel; er sieht Dinge, die zu kurzem Gebrauch bestimmt sind und, unbrauchbar geworden, zerstört werden. Ich sehe überall Leben… Ich weiß, dass ich, unaufhörlich sterbend, unaufhörlich auferstehe.“
Wieder ist es eine Frau, die gründlich hinschaut und dadurch dem Leben auf der Spur ist – und das in einem Umfeld, in dem viele andere den Tod wahrnehmen und empfinden. Da

erspürt sie durch ihre Aufmerksamkeit Leben – und hat die Chance, hinter diesem Leben, das sie wahrnimmt, den lebendigen Gott wahrzunehmen. Aufmerksam sein, verweilend und wach hinschauen, das ist das Geheimnis, das ist der erste Schritt auf dem Weg, hinter und in den Dingen Gott zu entdecken. Das umschreibt auch Martin Gutl in einem Text:

Ich hatte eine Zeit,
da war ich blind.
Ich dachte, was alle dachten.
Ich sagte, was alle sagten.
Ich tat, was alle taten…
Ich hatte eine Zeit, da war ich blind.

Da bin ich aufmerksam geworden.
Da merkte ich: vieles stimmt nicht.
Sie reden vom Sachzwang
und zerstören den Menschen.
Sie reden vom Frieden
und handeln mit Waffen.
Sie verdienen an den Gastarbeitern
und an der dritten Welt.
Sie hassen einander
und gehen gemeinsam zum Gottesdienst.
Da bin ich aufmerksam geworden.
Da bin ich aufmerksam geworden.

Da habe ich die Bibel gelesen.
Einer versuchte den geraden Weg,
berief sich auf Gott,
sagte die Wahrheit.
Ich las von seinem Untergang
und las von seiner Auferstehung.
Da bin ich aufmerksam geworden.
Da begann ich zu fragen.
Wer ist schuld, dass die Welt so ist, wie sie ist?
Wir? – Niemand?
Gott? – Wer sonst?
Wer wird sie verändern?
Wer tut etwas ?
Wir? – Niemand? – Sonst wer?
Da begann ich zu fragen.
Da begann ich zu beten.

(Josef Dirnbeck/Martin Gutl, Ich begann zu beten, Graz 1972, 12f)

Aufmerksam in der Welt leben – unter den Menschen, in meinem eigenen Leben, in den Ereignissen und Zeichen der Zeit –, das ist der Schlüssel zu einer Lebenshaltung, die sorgfältig mit der Welt und den Ereignissen in der Welt umgeht und die sorgfältig mit Gott und seiner möglichen Gegenwart in der Welt und im Menschenleben umgeht.

Der flüchtige Blick

Wie steht es mit dieser Aufmerksamkeit in meinem Leben? Wir leben in einer Zeit des flüchtigen Blicks: schnell hinschauen, einen Augenblick mit den Augen hier verweilen, einen Augenblick dort, und schnell eilen die Blicke und Gedanken weiter. Der Irakkrieg ist kaum ein paar Tage alt. Und ich ertappe mich und andere bei erschreckenden Verhaltensweisen: „Komm, wir gehen ein bisschen in's Wohnzimmer, Krieg gucken." Und die Bilder, die ich sehe, erinnern an Silvesterfeuerwerk. Kriegsberichterstattung mit Unterhaltungswert! Wer sieht bei diesen Bildern die verängstigten Menschen, die Toten, wer sieht die zerstörten Häuser und Wohnungen? Flüchtig schaut der Blick hin, um dann schnell anderswohin zu schauen, vielleicht zum Krimi oder zur Komödie. Das geht alles so schnell an mir vorbei und hat kaum eine Chance, bei mir zu landen.

Doch gerade heute braucht unsere Welt diesen verweilenden, gründlichen, aufmerksamen Blick, der hinschaut und fragt: Warum dieser Krieg?, der hinschaut und hinter der Fantasielosigkeit der Politik andere Möglichkeiten entdeckt als die so genannten realistischen, die Krieg heißen, der über der großen Politik nicht vergisst, auf die konkreten Menschen zu schauen. Der flüchtige Blick gefährdet den verweilenden, aufmerksamen Blick, den wir brauchen, um diese Welt selbst tiefer zu entdecken und in dieser Welt Gott.

Dieser flüchtige Blick wandert mit der Aktualität. Wer denkt heute noch an das Hochwasser des vergangenen Sommers – obwohl die Menschen längs der Elbe auch heute noch auf ihren Schulden und in ihren noch nicht wieder hergerichteten Wohnungen sitzen. Die Aktualität trägt heute andere Themen ins Haus. Wer denkt noch an die Opfer der Kriege auf dem Balken oder in Ruanda. Jetzt ist der Irak aktuell, morgen ein anderer Konflikt. Die Versuchung ist groß, zu behaupten: Die Politik kann diesen flüchtigen Blick als Faktor der Zukunftsplanung einbeziehen. Der derzeitige amerikanische

Präsident kann getrost seinen Krieg führen, die Welt demonstrieren lassen und darauf vertrauen: In einem Jahr redet kein Mensch mehr davon, dann ist der flüchtige Blick ist zu anderen Aktualitäten hingewandert. „Wartet nur", sagte der Krieg, „ich komme wieder, ihr seid ja so vergesslich!", sagt ein Aphorismus.
Aufmerksam in unserer Welt leben, gründlich hinschauen und lange genug, das ist nicht nur eine Frage meines persönlichen Gottsuchens und Gottfindens, es ist auch eine Frage des verantwortlichen Lebens in dieser Welt und des ehrfürchtigen Umgangs mit dieser Welt, mit dieser Schöpfung und mit den Menschen. Es gibt zu viele, die sehen und doch nicht sehen, hören und doch nicht hören. Gott komme ich nur mit aufmerksamem, verweilendem und ehrfürchtigem Blick auf die Spur, einem Blick, der mit der Möglichkeit rechnet, dass Gott in seiner Schöpfung, in seiner Welt aufscheint. Dieser Blick vermag die Knospe unter dem sterbenden Blatt zu sehen.

In der Schule Jesu

Um diesen Blick einzuüben, lohnt es sich, in die Schule Jesu zu gehen. Der konnte gründlich hinschauen, hinter die Dinge schauen!
Im Tempel macht er seine Jünger auf eine Frau aufmerksam, die ein paar Pfennige in den Opferstock wirft. So etwas sehen die meisten gar nicht. Jesus sieht es nicht nur, er schaut dahinter und nimmt wahr, was diese paar Pfennige für die Frau bedeuten: „Schaut hin" sagt er seinen Jüngern, „was diese Frau gibt, ist alles, was sie hat. Da sind nicht mehr die paar Pfennige wichtig, sondern was dahinter aufleuchtet: ein Mensch gibt alles, was er hat. (Lk 21, 1-4)
Petrus erlebt diese Aufmerksamkeit Jesu. Er sagt von sich selbst: „Ich bin doch ein Sünder, mit einem wie mir wirst du nichts anfangen können und wollen!" Jesus sieht den Sünder Petrus, aber er schaut durch die Fassade des Sünders und sieht den Menschenfischer dahinter, den, der begabt ist, Menschen zu führen, Menschen zu leiten. Den beruft er als Sünder und Menschenfischer zugleich. (Lk 5, 1-11)
Eine beeindruckende Veranschaulichung der Feinfühligkeit Jesu spielt sich vor den Toren der Stadt Nain ab. Jesus sieht einen Leichenzug. Diese Erzählung der Bibel überschreiben wir normalerweise: „Der Jüngling von Nain". Das ist der fal-

sche Titel. Der richtige müsste heißen: „Die Witwe von Nain". Hat er dem jungen Mann durch die Totenerweckung Gutes getan? Der hatte doch alles hinter sich, wovor die meisten Angst haben. Bei ihm liegt die Not dieser Geschichte nicht. Stattdessen nimmt Jesus wahr: Da trägt eine Mutter ihren einzigen Sohn zu Grab, nachdem sie bereits ihren Mann verloren hatte. Das ist das Leid, um das es in dieser Begebenheit geht. Um der Mutter willen erweckt er den jungen Mann - und konsequent schließt dieser Wunderbericht: „Und er gab ihn seiner Mutter zurück!". (Lk 7, 1-17)
Diese drei Beispiele machen stellvertretend für viele deutlich, wie aufmerksam Jesus hinschauen konnte, wie er dadurch Heilung geschenkt und Gott den Menschen nahe gebracht hat.

Kontemplation

Aufmerksam sein, hinschauen, hinhören, mit allen Sinnen wach in der Welt leben: das ist der Anfang dessen, was christliche Tradition unter Kontemplation versteht. Kontemplation ist ein Weg der Gottsuche, der beim verweilenden Hinschauen auf die Welt und auf Gott beginnt. Verweilend schaue ich auf Gott, bis ich in ihm die Welt entdecke, verweilend schaue auf die Welt und die ganze Schöpfung, bis ich in ihr Gott entdecke. In verweilendem Schauen suche ich Gott.
Das ist nur möglich, wenn mehr beteiligt ist als meine fünf Sinne. Will ich tiefer schauen und Gott hinter den Dingen und Ereignissen entdecken, muss ich das, was ich wahrnehme, an mich heran und in mich hinein lassen, so tief und so lange, bis es zu sprechen beginnt, bis es vielleicht von Gott zu sprechen beginnt. Kontemplation hat als Fundament die Kunst, lange genug hinzuschauen, hinzuhören. Wer das tut, der hat zumindest die Chance, dass die Dinge zu sprechen beginnen.
So hat es Franziskus von Assisi erfahren. Aus der Zeit seiner Umkehr auf einen neuen Weg wird erzählt, dass das Kreuz der beeindruckenden, kleinen Kirche San Damiano vor den Toren der Stadt Assisi zu ihm gesprochen habe. Da mag jemand einwenden, Kreuze, die sprechen, gibt es nur bei „Don Camillo" in den Romanen von Giovanni Guareschi. Meine Erfahrung ist anders. Kreuze sprechen. Für den kontemplativen Menschen sprechen Kreuze tagtäglich. Du musst sie nur wahrnehmen und an dich heranlassen: die Kreuze der Ar-

men, die Kreuze der Rechtlosen, die Kreuze einer geschundenen und ausgebeuteten Schöpfung, die Kreuze der vom Krieg und Völkermord Geplagten, die Kreuze von Menschen, die Schicksalsschläge zu verkraften haben wie Krankheit, Arbeitslosigkeit, das Scheitern ihrer Ehe oder die Irrwege der Kinder. Solche Kreuze sprechen laut und vernehmlich. Sie können sogar zum An-Spruch an mich werden. Der flüchtige Blick kann schnell weiter schauen und das ganze vergessen. Wer verweilend und lange genug hinschaut, sieht diese Kreuze und wer lange genug hinhört, hört sie sprechen, oft sogar schreien.
Nicht minder sprechen die lichtvollen Ereignisse unseres Lebens, die Wunder der Schöpfung. Der kontemplative Mensch, der verweilend, aufmerksam und ehrfürchtig hinschauende Mensch, lernt ihre Sprache mit allen Sinnen und er spürt im Blick auf diese Wunder der Schöpfung die Einladung: Schau mich an, bewundere meine Schönheit, genieße meinen Geschmack. Geh nicht achtlos an mir vorüber, nimm wahr, dass du etwas ganz besonders erlebst.
Das ist der erste Schritt der Kontemplation. Dabei geht um das Wahrnehmen mit allen Sinnen und gleichzeitig um mehr: um das Sehen mit dem Herzen, wie es der Fuchs dem kleinen Prinzen als Geheimnis verrät (Exupery: Der kleine Prinz). Wenn ich mit dem Herzen sehe und höre, lasse ich an mich heran, was ich sehe und höre, in mich hinein, bis es mich freut, mich schmerzt, mir zur Frage wird oder auch zur Antwort, mich einlädt, tiefer zu graben. Das ist die Nahtstelle für eine Kontemplation, die sich suchend zu Gott vortastet.

Die Nahtstelle zu Gott

Das ist allerdings keine ganz einfache Nahtstelle, da gibt es kritische Punkte. Ich nehme an dieser Schwelle manches Naive wahr, eine kleine, lustige Geschichte soll verdeutlichen, was ich meine:
Vor dem schönen, großen Glasfenster eines Berliner Kindergartens, hüpft in den Bäumen ein Eichhörnchen herum. Die etwas zu fromme Kindergärtnerin fragt die Kinder: „Was ist denn das da draußen vor dem Fenster? Der kesse kleine Berliner antwortet: „Ick würd‘ ja sagen, dat ist'n Eichhörnchen, aber wie ick den Laden hier so kenne, is das sicher wieder das liebe Jesulein.“
Recht hat er, die Dinge sind nicht Gott! Aber dieses possier-

liche Eichhörnchen ist ein Hinweis auf seinen Schöpfer. Es kann meinen Blick über sich hinaus auf Gott lenken, der dieses Tier so wunderbar erschaffen hat. An dieser Schwelle darf ich nicht naiv einfach die Dinge mit Gott gleichsetzen.
Eine andere Falle an dieser Schwelle ist Vorschnelligkeit. Gotteserfahrung wird vorschnell behauptet. Ich kann es gut gelten lassen, wenn jemand für sich sagt: Ich habe Gott erfahren. Aber oft begegnet mir an dieser Schwelle etwas ungeduldig Missionarisches, etwas Aufdringliches. Ein anderer will mir seine Gotteserfahrung überstülpen. Gotteserfahrung kann man sich nicht gegenseitig überstülpen, wohl kann man sie sich gegenseitig bezeugen.
Worum es an dieser Schwelle geht und wie mühsam sie sein kann, beschreibt Alfred Delp auf einem Kassiber, den er am 17. November 1944, drei Monate vor seiner Hinrichtung, aus dem Gefängnis schmuggeln konnte: „Das eine ist mir so klar und spürbar wie selten: Die Welt ist Gottes so voll. Aus allen Poren der Dinge quillt es gleichsam uns entgegen. Wir aber sind oft blind. Wir bleiben in den schönen und bösen Stunden hängen und erleben sie nicht durch bis an den Brunnenpunkt, an dem sie aus Gott herausströmen. Das gilt…für alles Schöne und auch für alles Elend." (Gesammelte Schriften IV, Frankfurt 1984, 26)
„Sie durcherleben bis zum Brunnenpunkt, an dem sie aus Gott quellen" das ist für mich das Schlüsselwort dieser Gedanken von Alfred Delp ist. Solches Durcherleben ist kein Sonntagsspaziergang, das fällt mir in den seltensten Fällen in den Schoß. Vielmehr verlangt es Ausdauer, Zähigkeit, eine Haltung, die sagt: Ich verweile hier, weil ich ahne, dass ich mit dem, was ich bisher gesehen und begriffen habe, noch längst nicht alles gesehen und begriffen habe; ich verweile, weil ich auf mehr, auf Tieferes warte, das aufscheint. Durcherleben, nicht vorschnell sein, darin liegt die Chance, Gott zu erspüren.

Ich möchte sehen können

Legenden können das verdeutlichen wie die des hl. Martin. Die Legende erzählt nicht, dass er auf die Stadt Amiens zuritt und Christus am Weg sitzen sah. Vielmehr erzählt sie, dass da ein Bettler am Weg saß, dessen Schicksal Martin berührte, so dass er seinen Mantel mit ihm teilte. Damit hätte die Geschichte zu Ende sein können. Martin hat diese Begegnung

aber nicht losgelassen, sie hat ihn bis in den Traum verfolgt. Erst da hat er begriffen, dass er in dem Bettler Christus begegnet ist. Du musst die Ereignisse durcherleben bis zu dem Brunnenpunkt, an dem sie aus Gott quellen.
So hat auch Franziskus von Assisi die Schöpfung erlebt. Sein Sonnengesang ist die Frucht. Er jubelt in diesem Lied nicht: „In dieser Sonne, mein Gott, bist du!“ Vielmehr singt er: „Von dir, du Höchster, ist sie ein Abbild.“ Die Sonne in ihrer Faszination lädt ihn ein, immer wieder hinzuschauen und zu suchen, bis sie ihn auf Gott hinweist. Die Sonne ist ein Hinweis auf Gott, kein Gottesbeweis.
Jene zehn Aussätzigen, deren Heilung Lukas erzählt (Lk 10, 11-19), haben ihre Heilung unterschiedlich erlebt. Neun von ihnen gaben sich mit ihrer Heilung zufrieden, bohrten nicht weiter, haben nicht versucht, bis zum Brunnenpunkt vorzudringen. Einer kommt zurück, nicht um sich bei Jesus zu bedanken, sondern wie Jesus sagt, „um Gott die Ehre zu geben“. Er hat seine Heilung durcherlebt bis hin zu Gott, dem Geber aller guten Gaben, der sie ihm durch Jesus geschenkt hat.
Solches „Durcherleben“ steht auch hinter dem Gebet einer indischen Frau in einer Region des Hungers:

„Jeden Tag um zwölf
in der Mittagshitze
kommt Gott zu mir
in Gestalt von
zweihundert Gramm Haferbrei.
Ich spüre ihn in jedem Korn
ich schmecke ihn in jedem Löffel voll
ich halte Mahl mit ihm
wenn ich schlucke
denn er hält mich am Leben
mit zweihundert Gramm Haferbrei.
Jetzt weiß ich, dass Gott mich liebt.“
(aus: Veronika Kubina, Der Gott der kleinen Dinge, in:
Der Prediger und Katechet, 142. Jahrgang, Heft V, S. 616)

Es ist kein Automatismus, der von den Dingen und Ereignissen dieser Welt zu Gott hinführt. Der Durchbruch zu Gott will durcherlebt sein, in Ausdauer und Zähigkeit. Ich möchte Gott suchen und darum halte ich es aus, bis er sich zeigt – und wenn es Jahre dauert. Es braucht die Haltung eines Jakob am Jabbokfluss; eine ganze lange Nacht lang ringt er zäh

mit der dunklen Gestalt und sagt: „Ich lasse dich nicht los, bis du mich segnest. Ich lasse dich nicht los, bis ich in diesem Ringkampf Gott entdecke!" (Gen 32,23-33)
Gott suchen und finden, das fällt mir nicht in den Schoß. Es ist eine Lebenshaltung, die gepflegt werden will. Sie braucht die Haltung des Blinden von Jericho. Er ist blind. Da tut sich etwas vor seinen Augen, aber er kann es nicht sehen. Darum muss er fragen, und das tut er auch: „Was ist da los?" Man sagt es ihm. Als er hört, dass Jesus vorbeikommt, fängt er an nach ihm zu schreien. Die Leute wollen ihm den Mund verbieten. Er aber schreit nur noch lauter. Zäh ist er. Jesus lässt ihn zu sich bringen und fragt ihn: „Was möchtest du?" Das hätte er ja auch sehen können, aber er fragt ihn: „Was möchtest du? Sag mit deinen eigenen Worten, was du willst." „Ich möchte sehen können!"
Ich möchte sehen können das ist die Anfangssehnsucht jeder Kontemplation. Mit den Augen sehen können, mit dem Herzen sehen können, mit Aufmerksamkeit sehen können: die Dinge, was hinter den Dingen ist und auch Gott hinter den Dingen.

Genießen und gehorchen

Abschließend möchte ich Ihnen noch zwei Wege zur Kontemplation nennen. Der erste mag überraschen: das Genießen. Kontemplation mit allen Sinnen bringt sich um Chancen, wenn sie auf Augen und Ohren, auf sehen und hören verkürzt wird. Beim Genießen ist - wenn es um Speisen geht - auch die Zunge beteiligt und die Nase. Genießen mit allen Sinnen. Genießer essen mit dem kleinen Löffel, sie schlingen nicht alles in sich hinein, sie nehmen kleine Bissen und lassen sich die Gaben der Schöpfung auf der Zunge zergehen: Kontemplation mit der Zunge! Für Genießer wird ein Musikerlebnis zum Ohrenschmaus, für Genießer wird die Schöpfung zur Augenweide. Genießer freuen sich mit allen Sinnen an dem, was sie erleben, gleich ob Speise, Musik, Natur oder was es sonst sein mag. Dem Genießen als Weg zur Gotteserfahrung widmet der heilige Augustinus einen ganzen Traktat. Wir können die Dinge benutzen („uti"), erfahren dabei aber nur ihren zeitlichen, vergänglichen Wert. Genießen wir sie dagegen („frui"), verspüren wir eine Ahnung der Ewigkeit, die sich in den Dingen verbirgt.

Als zweiten Weg zur Kontemplation nenne ich den evangelischen Rat des Gehorsams. Gehorsam ist in Gesellschaft und Kirche häufig auf die Dimension verkürzt: „Du befiehlst, ich gehorche!“ - oder für manche etwas angenehmer: „Ich befehle, du gehorchst!“. Der evangelische Rat des Gehorsams will mehr. Er sagt mir: einer ist Herr der Welt und das ist Gott. Auf ihn sollst du hören. Wenn du ihn nicht hörst, fang an zu horchen, fang an zu lauschen, denn Gott gehört zu denen, die die leisen Töne lieben. Versuche, etwas von ihm in dieser Welt zu erhorchen. Dem, was du erhorcht hast, erst recht, wenn du darin Gottes Stimme erhorcht hast, wirst du dann gehorchen.
Die Benediktinerin Silja Walter hat ein Gebet verfasst mit dem Titel: „Gebet eines Klosters am Rand der Stadt“. Es fasst viele der Gedanken, die ich entfaltet habe, dicht zusammen. Darum schließe ich diesen Gedankenkreis mit einigen Zeilen dieses Gebetes:

„Wachen ist unser Dienst, wachen. Auch für die Welt. Sie ist oft so leichtsinnig, läuft draußen herum und nachts ist sie auch nicht zuhause. Denkt sie daran, dass du kommst? Dass Du ihr Herr bist und sicher kommst?
Jemand muss es glauben, zuhause sein um Mitternacht, um dir das Tor zu öffnen und dich einzulassen, wo du immer kommst …
Zu glauben und zu bleiben sind wir da - draußen am Rand der Stadt.
Herr, jemand muss dich aushalten, dich ertragen, ohne davonzulaufen. Deine Abwesenheit aushalten, ohne an deinem Kommen zu zweifeln. Dein Schweigen aushalten und trotzdem singen. Dein Leiden, deinen Tod aushalten und daraus leben.
Das muss immer jemand tun mit allen anderen. Und für sie.
Und jemand muss singen, Herr, wenn du kommst.
Das ist unser Dienst: dich kommen sehen und singen. Weil du Gott bist …“

Gebet

Erhabenster, allmächtiger, guter Herr, dein sind der Lobpreis, die Herrlichkeit und die Ehre und jegliche Benedeiung. Dir allein, Erhabenster, gebühren sie, und kein Mensch ist würdig, dich zu nennen.
Gepriesen seist du, mein Herr, mit allen deinen Geschöpfen, zumal der Herrin, Schwester Sonne, denn sie ist der Tag und spendet das Licht uns durch sich.
Und sie ist schön und strahlend in großem Glanz. Dein Sinnbild trägt sie, Erhabenster.
Gepriesen seist du, mein Herr, durch Bruder Mond und die Sterne, am Himmel hast du sie gebildet, hell leuchtend und kostbar und schön.
Gepriesen seist du, mein Herr, durch Bruder Wind und durch Luft und Wolken und heiteren Himmel und jegliches Wetter, durch welches du deinen Geschöpfen den Unterhalt gibst.
Gepriesen seist du, mein Herr, durch Schwester Wasser, gar nützlich ist es und demütig und kostbar und keusch.
Gepriesen seist du, mein Herr, durch Bruder Feuer, durch das du die Nacht erleuchtest; und es ist schön und liebenswürdig und kraftvoll und stark.
Gepriesen seist du, mein Herr, durch unsere Schwester, Mutter Erde, die uns ernährt und lenkt und mannigfaltige Frucht hervorbringt und bunte Blumen und Kräuter.
Gepriesen seist du, mein Herr, durch jene, die verzeihen um deiner Liebe willen und Schwachheit ertragen und Drangsal.
Selig jene, die solches ertragen in Frieden, denn von dir, Erhabenster, werden sie gekrönt.
Gepriesen seist du, mein Herr, durch unseren Bruder, den leiblichen Tod; ihm kann kein Mensch lebend entrinnen. Wehe jenen, die in schwerer Sünde sterben. Selig jene, die sich in deinem alleinige Willen finden, denn der zweite Tod wird ihnen kein Leides tun.
Lobet und preiset meinen Herrn und erweiset ihm Dank und dient ihm mit großer Demut.

Franziskus von Assissi (in: L. Hardick/E. Grau, die Schriften des heiligen Franziskus, Kevelaer, 2001, 214f)

Meditation
zu Lk 17, 11ff

„Gott sei Dank!"
Drei Wörter,
schnell gesagt -
und kaum einer,
der sie ausspricht,
denkt dabei an den,
dessen Namen er nennt:
Gott.

Vielleicht
sagten auch die Zehn,
geheilt und gesund:
„Gott sei Dank!" -
und dachten dabei
an alles,
nur nicht an Gott!
Bis auf einen,
der zurückkam
und Gott dankte.

Enttäuscht ist Jesus
über die anderen neun!
Nicht,
weil sie ihm
nicht dankten,
das war unwichtig,
nein,
weil sie Gott
die Ehre nicht gaben!

Hinweisen
wollte Jesus
durch sein Wort
und sein Tun
auf Gott.
Gott
sollte spürbar werden
in seinem Leben,
durch ihn.

Und nur einer
hat es begriffen,
einer von zehn!
Nur einer schafft es,
hinter der guten Gabe
den Spender alles Guten
zu sehen: Gott.
Nur einer
begreift es
von zehn!

Neun
ungenutzte Chancen
Gott zu erfahren
und ihm zu danken.
Neun
ungenutzte Chancen,
die Hoffnung
tiefer zu gründen
als auf den Augenschein.

Doch einer
begreift es
von zehn!
Ich?

4.

Suchst du Gott, dann such ihn in der Geschichte

Gedanken zur Heils-Geschichte

Schrifttext: Lk 1, 46–55

Meine Seele preist die Größe des Herrn,
und mein Geist jubelt über Gott, meinen Retter.
Denn auf die Niedrigkeit seiner Magd hat er geschaut.
Siehe, von nun an preisen mich selig alle Geschlechter.
Denn der Mächtige hat Großes an mir getan
und sein Name ist heilig.
Er erbarmt sich von Geschlecht zu Geschlecht
über alle, die ihn fürchten.
Er vollbringt mit seinem Arm machtvolle Taten:
Er zerstreut, die im Herzen voll Hochmut sind;
er stürzt die Mächtigen vom Thron
und erhöht die Niedrigen.
Die Hungernden beschenkt er mit seinen Gaben
und lässt die Reichen leer ausgehen.
Er nimmt sich seines Knechtes Israel an
und denkt an sein Erbarmen,
das er unsern Vätern verheißen hat, /
Abraham und seinen Nachkommen auf ewig.

Erinnern und erzählen

Zu den schönsten Erlebnissen meiner Kindheit zählen die Abendessen in unserer Familie. Wir saßen am Küchentisch in der Wohnküche mit schrägen Wänden. Das Abendessen ging zu Ende. Häufig kamen wir dann ins Erzählen. Die Eltern erzählten aus ihrem Leben, die Mutter aus der Schule, wie und wo sie Kochen gelernt und was sie dabei alles erlebt hatte, vom Singen im Kirchenchor. Der Vater erzählte, wie er als Kolpingsohn und Handwerksgeselle auf Wanderschaft gegangen ist, was er auf seiner Wanderschaft alles erlebt hat. Beide erzählten von den Großeltern, von Onkeln und Tanten – und dann die für uns Kinder ganz spannende Geschichte, wie und wo sie sich kennen gelernt haben. Alles wurde im Erzählen ganz lebendig, auch wenn es Jahre zurücklag. Manchmal wurde es dunkel darüber, während wir da saßen und erzählten, so spannend war das, wir konnten nicht genug bekommen.
Über dieses Erzählen meiner Eltern aus ihrer Lebensgeschichte, meiner Familiengeschichte, meiner Vor-Geschichte, ist die Geschichte für mich lebendig geworden. Gleichzeitig ist über dieses Erzählen meiner Eltern Gott in meinem Leben lebendig geworden, gehörte er doch wie selbstverständlich

dazu. Meine Eltern haben mir keinen Religionsunterricht gegeben, das wäre nichts für sie gewesen. Sie haben auch nicht fromm dahergeredet – sie waren fromm, ohne darüber zu reden. Gott kam einfach in dem, was sie erzählten, vor. Wenn sie vom Leben in der Familie erzählten, vom Pastor mit seinen „Marotten", wenn sie vom Kirchenchor oder der Kolpingswallfahrt erzählten, Gott kam wie selbstverständlich vor, er gehörte dazu. Erst recht, wenn sie vom Krieg erzählten, von ihrer Angst und von ihren Gebeten, wenn sie erzählten, wie sie Schwierigkeiten bewältigt haben und dabei Gott an ihrer Seite wussten. Es war viel Erinnerung an Vergangenes in diesen Erzählungen, das haben Erzählungen nun mal an sich. Weil Gott wie selbstverständlich dazu gehörte, kam er auch genauso selbstverständlich in diesen Erzählungen meiner Eltern vor wie die Onkel und die Tanten, wie der Kolpingpräses oder auch wie Schalke 04.
Suchst du Gott, dann such ihn in der Geschichte, am besten zunächst in deiner ganz persönlichen Geschichte. Das habe ich von klein auf gelernt, ohne dass es mir zu dem Zeitpunkt bewusst gewesen wäre. Ich habe die Befürchtung, dass der Verlust solcher Erzähltradition in unseren Familien einer der tief greifenden Einbrüche in unserer Gesellschaft ist. „Das Fernsehen hat den Kreis der Familie zu einem Halbkreis gemacht", so hat vor Jahren ein Kabarettist unsere Familiensituation karikiert. Sind Familien noch Erzählgemeinschaften, in denen erzählend die Geschichte lebendig erhalten wird, damit sie der Gegenwart Impulse gibt und den Weg in die Zukunft bahnt, oder überlassen wir das Erzählen den Fernsehunterhaltern? Lebendiges Erzählen gibt Leben weiter, lebendiges Erzählen gibt Glauben weiter.
Mit der Abnahme des familiären Erzählens wird unserer Kultur die Vitalität genommen und dem Glauben die Lebendigkeit. Wenn wir aufhören, unsere Geschichte erzählend zu pflegen, tun wir das, was Feinde im Krieg oft geradezu als Waffe einsetzen, um den Feind zu vernichten: sie zerstören seine Kulturdenkmäler und vernichten damit die Zeugnisse seiner Geschichte. Wie viel Kulturgut ist am Ende des zweiten Weltkriegs in Deutschland noch kurz vor Kriegsende sinnlos zerstört worden. Man nimmt jemandem seine Geschichte, wenn man die Dokumente seiner Geschichte zerstört. Wenn man einem Menschen oder gar einem ganzen Volk die Vergangenheit nimmt, raubt man ihm auch Gegenwart und Zukunft.

Über Erinnern und Erzählen hat sich Gott ganz unauffällig und ganz selbstverständlich in mein Leben hineingeschlichen. Ich habe Gott in meinem Leben gefunden durch die Begegnung in der erzählten Geschichte meiner Familie. Erinnern und Erzählen, das sind Wege, über die Geschichte lebendig wird, über die Vergangenheit in die Gegenwart geholt wird. Erinnern und Erzählen öffnen die Truhen der Vergangenheit, damit wir die Lebensvorräte für heute und morgen daraus entnehmen können: Suchst du Lebenskraft für heute, dann such sie in der Geschichte. Suchst du Mut und Vertrauen für morgen, such sie in der Geschichte. Suchst du festgegründete Hoffnung, dann such sie in der Geschichte. Suchst du Gott, dann such ihn in der Geschichte.

Gott in meiner Lebensgeschichte

Ein Teil dieser Geschichte ist meine ganz persönliche Biographie. 25, 50, 60, 80 Jahre Geschichte, je nachdem wie alt oder jung jemand ist. In deiner Biographie begegnest du zunächst der Geschichte deiner Eltern und Ahnen, auch ihrer Glaubensgeschichte. Gleichzeitig beginnst du, indem du zu atmen anfängst, auch selber mit deinem Leben Geschichte zu schreiben. Du gehst deine eigenen Wege, du machst deine eigenen Erfahrungen. Die erste Teilstrecke, besonders in den Jahren von Sturm und Drang, ist für viele eine eher geschichtslose Phase; sie leben, als gäbe es die Vergangenheit nicht. Jeder braucht ein Stück Leben mit dem Lebensgefühl: Mit mir wird die Welt ganz neu erfunden. In dieser Lebensphase ist das normal, aber mit jeder Sekunde, die du lebst, wächst deine Geschichte, deine Vergangenheit, deine Erfahrung, deine Erinnerung. Und mit wachsender Geschichte beginnst du – hoffentlich –, aus deiner Geschichte zu lernen. Manche Fehler etwa machst du nur einmal und kein zweites Mal, weil deine Erfahrung dich weiser gemacht hat. „Aus Fehlern wird man klug“, sagt das Sprichwort – leider stimmt das oft nicht. Es gibt gute Erfahrungen, aus denen lernst du, mit Vertrauen und Selbstsicherheit ins Leben zu gehen. In solchen Erfahrungen wird deine eigene Geschichte lebendig und kann zum Fundament für eine gelingende Gegenwart und Zukunft werden.
Irgendwann beginnt der Mensch, sich bewusst für seine eigene Geschichte zu interessieren. Spätestens um das zwanzigste Lebensjahr muss fast jeder einen Lebenslauf für die

berufliche Bewerbung schreiben. Dann fängst du an zu denken: Was war alles? Wie war das? Warum war das so? Oder es ist die Liebe, die solche Fragen auslöst: die Freundin, der Freund fängt an nach dir und deiner Geschichte zu fragen. Wer bist du? Wer gehört zu dir? Was hast du bisher alles gemacht? Es kommt ein Punkt in deinem Leben, da fängst du an, dich für deine Geschichte zu interessieren. Warum bin ich so und warum bin ich so geworden? Man fragt nicht nur, wie bin ich, sondern auch, warum ich so geworden bin, wie ich bin. Die Art, wie ich mich entwickelt habe, wie zielstrebig ich war, welche Hindernisse ich bewältigt habe, wie ich Herausforderungen angenommen habe, lassen Rückschlüsse auf meine Zukunft zu, auf meine weitere Entwicklung. Ich bin ja nicht eine in Marmor gehauene Statue, sondern ein lebendiger, entwicklungsfähiger Mensch. Wenn es in meinem bisherigen Leben eine Linie gibt, dann geht die vielleicht auch in meine Zukunft hinein.

Nach-denken

Mich für meine eigene Geschichte interessieren, heißt: rückwärts schauen, ganz wörtlich „nach-denken“, dem, was schon vorbei ist, noch einmal hinterher denken. Solches Nach-denken kann dich ins Staunen bringen: Wie viele Ereignisse, die du Zufall nennst, haben dein Leben geprägt: Ausgerechnet deine Eltern haben sich gefunden. Es hätten hunderte andere sein können – nein, ausgerechnet die beiden waren es. Sie wollten ein Kind – geboren wurdest du, ausgerechnet du – eine von Millionen von Möglichkeiten. Zufall? Du bist auf dem Land oder in der Stadt geboren und groß geworden, du bist in einem christlichen Milieu oder in einem nicht christlichen Milieu herangewachsen, das hat dein Leben geprägt. In deiner Erinnerung tauchen vielleicht Menschen auf, die dir wichtig wurden. Du erinnerst dich an Situationen, in denen dich der Zufall vor Unglück bewahrt hat: Wäre ich fünf Minuten später an dieser Stelle vorbeigekommen, wäre ich in einen Unfall verwickelt gewesen. Manchmal phantasiert man solche Gedanken. Du triffst in deiner Rückschau auf Situationen, die dich über dich selber staunen lassen, weil du über dich selbst hinausgewachsen bist: „Das hätte ich mir nie zugetraut!“ Du stößt wahrscheinlich auch auf Erinnerungen, in denen du Schuld auf dich geladen hast, an der du aber nicht zerbrochen bist, weil andere dir Verge-

bung geschenkt haben. Du stößt darauf, dass du eine schwere Krankheit überstanden hast – oder dass du mit ihren Folgen leben musst – und leben kannst. Vieles im Leben nennen wir Zufall. Es kann auch mehr sein.
Mit jedem Tag, den du lebst, erweitert sich deine persönliche Geschichte, und mit ihr erweitern sich auch die Anhaltspunkte, an die du dich erinnern, von denen du erzählen kannst. Das sind Quellen, aus denen du für deine Zukunft schöpfen kannst. Du lebst aus deinen guten Erfahrungen, du lebst in einer Geschichte des Gelingens, in der du viele deiner Fähigkeiten entfalten konntest. Dadurch ist dein Vertrauen gewachsen. Oder du hast schlechte Erfahrungen, dunkle Flecke in deiner Vergangenheit, schwere Krisen in deiner Geschichte – doch du lebst noch, du bist noch da. Bei allem Wanken, Zweifeln und Fragen hast du erleben dürfen, dass der Boden, auf dem du stehst, trägt. Erfahrung ist eine Quelle für dein Leben, aus der du mit dem Gefäß der Erinnerung schöpfen kannst – aus der du auch den in deiner Geschichte gegenwärtigen Gott schöpfen kannst.
Wie ist Gott in unserer Lebensgeschichte gegenwärtig? Er ist nicht der, der die Fäden unseres Lebens wie ein Puppenspieler lenkt. Ich bin keine Marionette an Gottes Fingern; ich muss nicht nur den Fäden nachgehen, um auf Gott zu stoßen. Auch ist er nicht der „deus ex machina", der immer zum geeigneten Augenblick auftauchte und das Leben für mich geregelt hat. Aber es gibt in meiner Geschichte die vielen „Zufälle", die ich angedeutet habe. Sie machen mich nachdenklich, lassen mich fragen. Waren das wirklich nur Zufälle? „Dahinter kommt man oft erst danach", sagt ein Sprichwort. Es vergeht Zeit, bis ich begreife, bis ich dahinter komme. Wenn das so ist, dann ist nach-denken ein wichtiges Tun, um hinter meine Geschichte zu kommen. Dabei kann ich entdecken, dass „Zufall" in meinem Leben nur ein Name Gottes war. Ich habe es Zufall genannt, dahinter aber ahne ich mehr – vielleicht Gott selber. Es gibt einfach zu vieles, was mich staunen lässt und was für eine Deutung offen bleibt. Ich kann nicht einfach behaupten, das war Gott. Aber die Ahnung keimt, dass in dem, was sich in meinem Leben ereignet hat, Gott dabei war.
Ich kann mich zu Gott nur vortasten, manchmal auch durch die schreiende Frage: „Warum, Gott?" Solange ich diese Frage stelle, taste ich nach ihm und schließe nicht aus, dass er dabei war und ist, selbst wenn ich an seiner Abwesenheit

fast zerbreche. Wenn ich als nach-denklicher Mensch meine Geschichte nicht einfach ablaufen lasse, sondern mich hineinbegebe, um die Geheimnisse meiner Geschichte zu erspüren, habe ich die Chance, vielleicht auch Gott auf die Spur zu kommen.

Vom Nach-Denken zum Danken

Diese Spur findet sich mit überraschender Klarheit beim Evangelisten Lukas. Er erzählt Heilungswunder Jesu, die Matthäus und Markus auch erzählen. Aber er setzt einen besonderen Akzent, der sichtbar wird, wenn ich diese Erzählungen der drei Evangelisten vergleiche. Bei Lukas münden sie alle in Staunen, Lob und Preis. Offenbar spürt er: Menschen, die die heilende Begegnung mit Jesus nach-denklich erleben, können nicht anders, als in die Nähe Gottes kommen und ihm für das danken, was er an ihnen getan hat. Aus diesem Grund habe ich meinen Überlegungen den Lobgesang Marias, das Magnifikat, aus dem Lukasevangelium vorausgesetzt. Dieses Lied Marias – ein nachösterliches Lied – ist der Antwortgesang Marias auf das, was Gott in ihrem Leben gewirkt hat. Es ist gleichzeitig der Antwortgesang der jungen Kirche, die Gottes Wirken in der Geschichte Jesu und in ihrer eigenen jungen Geschichte erlebt und gespürt hat und die darauf mit diesem Loblied antwortet. Lukas hat ein Gespür dafür, dass man über das, was Gott in der Welt wirkt, auch wenn man es zunächst nicht in Beziehung zu ihm sieht, ins Nachdenken und über das Denken zum Danken kommt.
Suchst du Gott, dann such ihn in der Geschichte, pflege die Erinnerung, denn Erinnern ist das Tor in die Geschichte hinein und das Tor, durch das die Geschichte hier und heute zu dir kommt, in deiner Gegenwart wirkt und deine Zukunft vorbereitet. Erinnern ist das entscheidende Wort für den Umgang mit der Geschichte, wenn sie Lebenskraft schenken und Gottesbegegnung ermöglichen soll.

Gegenseitiges Erinnern

Ich selbst bin eingeladen, mich zu erinnern. Aber oft vergesse ich das, gerade wenn ich in die Enge komme, wenn Schwierigkeiten sich häufen. Dann ist es gut, wenn ich nicht allein bin, wenn andere an meiner Seite sind und meiner Erinnerung auf die Sprünge helfen: „Erinnere dich!“ „Erinnere dich, was du damals geschafft hast. Erinnere dich, wie dir damals Hilfe zugeflossen ist." Menschen an meiner Seite erinnern mich, wenn ich in Angst oder Panik die eigene Erinnerung vergesse. Sie erinnern mich, wo die Geschichte durch Vergessen zum Grab meiner guten Erfahrungen wird und nicht zur Lebensquelle. Gut, wenn ich Menschen habe, die mich - stellvertretend für mich selbst - erinnern.

Wir machen uns Mut, wenn wir uns gegenseitig erinnern. Und wir machen uns Mut und wir helfen uns zum Glauben, wenn wir uns gemeinsam erinnern. Wie wir als Familie Erzählgemeinschaft waren, im Erinnern die Geschichte lebendig gemacht haben, im Erzählen Gott auf die Spur gekommen sind, so müssten auch unsere Gemeinden Erzählgemeinschaften sein, in denen man sich erzählt, was man erlebt hat und auch, was man mit Gott erlebt hat. Gemeinde hat die Chance, Erzählgemeinschaft im Glauben zu sein, die sich gegenseitig den Blick für die Geschichte Gottes mit uns Menschen öffnet. So wird sie zur Quelle des Lebensmutes, zur Chance, miteinander Gott zu finden. Das kann man allerdings nicht in einem Dom mit 400 Menschen, dazu braucht man kleine Zellen, Vereine, Gruppen, Familien, Freundeskreise, Erzählgemeinschaften, die gemeinsam sich aufmachen in die Geschichte, um in der Geschichte den Lebenswurzeln, um in der Geschichte Gott auf die Spur zu kommen.

Über die je persönliche Geschichte hinaus haben Schicksalsgemeinschaften gemeinsame Geschichte. Ich wohne jetzt seit zwei Jahren an einem historischen Brennpunkt der deutschen Geschichte, im 500-Meter-Streifen der ehemaligen DDR-Grenze. Die Menschen, die dort wohnen, haben fast vierzig Jahre lang im Anblick des Grenzzaunes gelebt. Dieses Schicksal hat sie bis heute zusammengeschweißt. Die Grenze ist noch ganz präsent, die Erfahrungen mit dem „Zaun" kommen immer wieder zur Sprache, wenn man zusammensitzt. Der gemeinsame Gegner, die gemeinsame schicksalhafte Situation und die gemeinsame Gottsuche haben die Menschen zusammengebunden im Leben wie im Glauben. Nach der Wende bröckelt auch hier manches. Man kann nur hoffen, dass die Erinnerung auch an solchen Stellen, auch die politische Erinnerung, nicht abbricht, dass man sich erinnert, welcher Un-Sinn in unserem Land möglich war, dass man aus der Geschichte lernt und nicht die gleichen Fehler anderswo, oder an der gleichen Stelle sogar, wiederholt.

Schicksals- und Glaubensgemeinschaft, die durch die Jahrhunderte der Geschichte gegangen ist, sind wir auch als Kirche. Viele, die auf die Geschichte der Kirche blicken, sehen vorrangig ihr Versagen, dessen Existenz traurigerweise nicht zu übersehen ist. Trotzdem ist und bleibt dieser Weg durch die Jahrhunderte eine Geschichte, die Gottes Gegenwart bezeugt. Alle menschliche Schwachheit, Bosheit und Unsinnigkeit haben es durch zweitausend Jahre nicht geschafft, diese Kirche zu vernichten. Wir sind Teil einer Glaubensgeschichte, in der Gott gegenwärtig ist. Selbst wo der Glaube erloschen und beseitigt scheint, erinnern Bau- und Kunstwerke, erinnern Dichtung und Musik an eine reiche Glaubensgeschichte, an ein Zeugnis von Gott durch die Jahrhunderte, das auch heute noch eine stumme und gleichzeitig ganz beredte Sprache spricht.

Zu dieser Erinnerung an die Geschichte, an die Gottesgeschichte, gehören auch Begegnungen mit großen Gestalten in dieser Geschichte, mit den Heiligen – gleich ob heilig gesprochen oder nicht. Drei möchte ich nennen:

Der erste ist Maximilian Kolbe. An diesem Heiligen fasziniert mich nicht in erster Linie seine Vorgeschichte, seine Marienfrömmigkeit, seine Pressetätigkeit. Mich beeindruckt, dass er in einer Weise gelebt und dass Gott ihn in einer Weise gestützt hat, die diesem Mann im entscheidenden Moment die Kraft gegeben hat, im Glauben und im Vertrauen auf Gott über sich selbst hinauszuwachsen. Da wird Gott für mich spürbar. Die Glaubenskraft des Maximilian Kolbe ist für mich gleichzeitig eine Quelle der Ermutigung, die mir sagt: Wenn du in solche Erprobungen kommen solltest, hast du vielleicht auch die Möglichkeit, weil Gott mit dir ist, über dich selbst hinauszuwachsen. Das lerne ich aus seiner Geschichte.

Ein zweiter, der nicht heilig gesprochen, aber für mich der größte Papst des letzten Jahrhunderts war, ist Paul VI. Er war ein Mann, klein von Gestalt, aber mit breiten Schultern! Was hat der Mann in den Jahren seines Pontifikats getragen, wie vieles hatte in der Kirche Platz, ohne dass er es exkommuniziert hat. Das alles hat dieser körperlich kleine Mann auf seinen breiten Schultern getragen und so mit Leben gefüllt, was Jesus im Johannesevangelium sagt: „Im Haus meines Vaters gibt es viele Wohnungen" (Joh 14,2). Die Erinnerung an Paul VI. veranschaulicht mir Kirche als Einheit in Verschiedenheit, als versöhnte Vielfalt. Das hat dieser Mann ausgehalten und durchgetragen. Das hat dem von seinem Vorgänger einberufenen Konzil zum Durchbruch geholfen. So wurde er der erste Papst der jüngeren Kirchengeschichte, der von der Kirche wieder im Plural spricht: Ortskirchen. Papst Paul VI., ein Papst, an dem mir Gott aufscheint in dem ganzen Reichtum seiner vielfältigen Möglichkeiten.

Als dritte erinnere ich an Elisabeth von Thüringen, die Patronin des Landes, in dem ich lebe. Eine Frauengestalt im finsteren Mittelalter. In ihr scheint Gott auf mit seinem Herzen für die Notleidenden ihrer Zeit. Sie und viele Frauen des Glaubens geben Gott in der Geschichte des Glaubens ein menschliches, ein frauliches Gesicht.

Die Geschichte der Kirche eröffnet die Chance, dass über Raum und Zeit hinweg Lebens- und Glaubensschicksale sich begegnen, sich ermutigen und im Erinnern sich Gott nahe bringen. Damit steht die Kirche in der langen Tradition auch des Volkes Gottes im Alten Testament. Das Volk Israel war eine Schicksals- und Erzählgemeinschaft. Das war seine Stärke. Erzählend hat es die Großtaten seines Gottes immer wieder in die Gegenwart gelockt, um dadurch stark zu sein, um dadurch zukunftsfähig zu sein. Beeindruckendes Zeugnis dafür ist die Pesach-Feier. Das jüngste Kind, das reden konnte, stellte Fragen bei dieser Feier. Und der Hausvater antwortete, indem er die Hagada erzählte, die Geschichte vom Auszug aus Ägypten, wie sein Gott seinem Volk den Weg in die Freiheit aus der Gefangenschaft geebnet hat.

In dieser Art des Pesachmahles wird deutlich: Heilsgeschichte wird weiter gegeben, indem eine Generation sie der nächsten weitererzählt. Jüdische Frömmigkeit lebt vom Erzählen. Das Gebetbuch dieses Volkes, das Buch der Psalmen, ist ein Buch mit erzählenden Gebeten, die erzählen, was Gott gewirkt hat. Wer sich in diese Welt der Psalmen hineinkniet, findet in den Erzählungen der Psalmen Erfahrungen ausgedrückt, in denen er sein eigenes Leben wieder findet. Psalmen erzählen mein Leben und meine Glaubensgeschichte mit Gott. Betende Erinnerung an Gottes Heilstun macht mich stark, die Gegenwart zu bestehen und die Zukunft zu gestalten. Erinnern heißt: „Rückwärts blickend vorwärts schauen“ (F.W. Weber). Geschichte hilft, Gegenwart und Zukunft verstehen. Geschichte hilft, Gegenwart und Zukunft bestehen, Geschichte hilft, die Gegenwart als Heilsgeschichte, als Geschichte mit Gott, zu deuten und die Zukunft als Heilsgeschichte zu gestalten.

Unheils- oder Heilsgeschichte?

Ich habe den Eindruck, Geschichte gelingt immer dann, wenn der Mensch Gott anerkennt, egal in welcher Religion. Geschichte gelingt, wenn der Mensch sich Gott für sein Leben und Handeln in der Welt verantwortlich weiß, sie misslingt, wenn er sein will wie Gott. Das misslang schon im Paradies. Sie wollten sein wie Gott. Doch kein Mensch hat das Format, Gott zu sein. Darum produziert Geschichte Unheil, wenn der Mensch eine Rolle spielen will, die nicht seine ist. „Ich bin der Herr, dein Gott, sonst keiner!" Es macht die Welt menschlich, wenn ich Gott als Herrn der Geschichte anerkenne und mich nicht selbst zu einem Gott mache. Mit Gott in der Mitte wird Geschichte, Heilsgeschichte.

„Dahinter kommt man oft erst danach." Wenn der Lebens- und Glaubensweg durchs Dunkel geht, ist das Unheils- und nicht mehr Heilsgeschichte? Viele sehen das so. Das, was im Moment dunkel und tragisch wird, zeigt sich oft im Nachhinein als Geschichte mit Gott, auch wenn Gott sich darin ganz anders gezeigt hat, als ich es gerne gehabt hätte.

Es gibt in der persönlichen wie in der gemeinsamen Geschichte dunkle Phasen, Phasen ungelebten Lebens, Phasen unglücklicher, manchmal schuldhafter Verstrickung, erlebte Unheilsgeschichte. Manchem hängt sie ein Leben lang an. Wo ist da Gott? Wo ist da Heil? Es ist ja nicht möglich, Dunkles nachträglich hell zu taufen. Ein Weg, wie sich solche Geschichte in die Heilsgeschichte einfügen kann, heißt Versöhnung. Gott bietet mir Versöhnung meiner Schuld an. Das nimmt sie nicht aus meinem Leben, aber ich kann damit leben. Und ich selbst habe die Chance, mich mit meiner Geschichte zu versöhnen, anstatt ihren verpassten Möglichkeiten dauernd nachzutrauern. Versöhnung ist ein Weg, belastende Vergangenheit von der Last zu befreien und der Gegenwart und Zukunft wieder Flügel zu verleihen.

Oft sieht die Gegenwart dunkel aus. Es muss nicht Unheilsgeschichte sein, wenn die Entwicklung „bergab" geht, wenn es dunkel aussieht. In dieser Offenheit sehe ich auch die augenblickliche Situation unserer Kirche(n). Geht es, wie viele die Situation deuten, mit der Kirche wirklich bergab? Immer weniger Menschen gehen in die Kirchen, das religiöse Interesse sinkt, wir verwalten den Mangel. Bedeutet das Unheilsgeschichte für die Kirche? Entscheidend ist, dass wir in diesen Situationen nicht so tun, als müssten wir alles machen.

Das misslingt. Entscheidend ist, auf die Zeichen der Zeit zu achten, die „Sprache“ dieser Situation zu erlernen, die Frage zu stellen: Was will Gott uns mit den Zeichen dieser Entwicklungen sagen, wozu lädt er uns ein? Vielleicht führt das zu Antworten, die sehr anders sind als das bisher Vertraute und Lieb gewordene. Die Geschichte lehrt uns: Dunkle Zeiten müssen nicht Unheilszeiten sein. Sie laden aber ein, gerade dann besonders aufmerksam zu sein für die Zeichen der Zeit, für das, was Gott uns sagen will. Das schließt die Einladung ein: Öffne dich für Gottes überraschende und unerschöpfliche Möglichkeiten.

Gebet

Du Gott in der Geschichte,
auf dem Pilgerweg durch die Zeit
bist du mit deinem Volk unterwegs.
Blicke ich rückwärts in die Geschichte,
lasse ich mir von anderen erzählen,
dann ahne ich:
Auch wo du fern schienst, warst du nah,
auch wo Menschen ohne dich leben,
bist du da.
Wir Menschen sind so vergesslich.
Schon heute erinnern wir uns nicht mehr,
dass du uns gestern Beistand warst.
Wir gehen voll Sorge in die Zukunft,
als müssten wir alles selber tun,
als läge dir nicht
an unserem Heil.
Du Gott in der Geschichte,
ich will mich erinnern
an dich und dein heilvolles Wirken
und vertrauen,
dass du auch heute und morgen
da bist
und wirkst.

Meditation
zu Lk 24, 6. 25, 44

„Erinnert euch doch!"
Gleich dreimal
ergeht die Einladung.

Und ich erinnere mich,
was meine Eltern,
meine Lehrer,
meine Seelsorger
mir sagten,
als sie mir den Glauben
weitergaben.

Sie sagten es mir,
weil sie sich erinnerten,
was ihre Eltern,
ihre Lehrer,
ihre Seelsorger
ihnen sagten,
als sie ihnen
den Glauben weitergaben.

Und die sagten es ihnen,
weil die sich erinnerten,
was deren Eltern,
deren…

Diese Kette der Erinnerung
zieht sich durch die Geschichte
bis hin zu jenen Begegnungen,
als zunächst
die zwei Männer im Grab
und dann ER selbst,
der Lebende,
ihnen sagte:
„Erinnert Euch!

Was mich lebendig hält
und was Euch leben lässt,
ist:
Erinnern!
Nicht vergessen!
Weitersagen!“

Ich glaube,
wir Christen
einer schnelllebigen Zeit
sollten uns
gelegentlich und gegenseitig
daran
erinnern!

5.

Suchst Du Gott, dann such ihn im Unvertrauten

Gedanken zu Gottes überraschenden Möglichkeiten

Schrifttext: Joh (20,11–18)

Maria aber stand draußen vor dem Grab und weinte. Während sie weinte, beugte sie sich in die Grabkammer hinein.
Da sah sie zwei Engel in weißen Gewändern sitzen, den einen dort, wo der Kopf, den anderen dort, wo die Füße des Leichnams Jesu gelegen hatten.
Die Engel sagten zu ihr: Frau, warum weinst du? Sie antwortete ihnen: Man hat meinen Herrn weggenommen und ich weiß nicht, wohin man ihn gelegt hat.
Als sie das gesagt hatte, wandte sie sich um und sah Jesus dastehen, wusste aber nicht, dass es Jesus war.
Jesus sagte zu ihr: Frau, warum weinst du? Wen suchst du? Sie meinte, es sei der Gärtner, und sagte zu ihm: Herr, wenn du ihn weggebracht hast, sag mir, wohin du ihn gelegt hast. Dann will ich ihn holen.
Jesus sagte zu ihr: Maria! Da wandte sie sich ihm zu und sagte auf Hebräisch zu ihm: Rabbuni!, das heißt: Meister.
Jesus sagte zu ihr: Halte mich nicht fest; denn ich bin noch nicht zum Vater hinaufgegangen. Geh aber zu meinen Brüdern und sag ihnen: Ich gehe hinauf zu meinem Vater und zu eurem Vater, zu meinem Gott und zu eurem Gott.
Maria von Magdala ging zu den Jüngern und verkündete ihnen: Ich habe den Herrn gesehen. Und sie richtete aus, was er ihr gesagt hatte.

„Dich kennt man ja nicht wieder!"

„Wie kommst du denn daher, dich kennt man ja nicht wieder!" Da kommt jemand vom Friseur mit einem neuen „Outfit", wie man heute sagt. Oder jemand hat sich von Kopf bis Fuß neu eingekleidet. Oder jemand hatte einen Unfall und hat Kopf und Hände verbunden. „Wie kommst du denn daher, dich kennt man ja nicht wieder!" Man sagt das, wenn ein Mensch anders aussieht, unvertraut. So kenne ich ihn nicht. So unvertraut, dass es gar nicht in unser Bild von ihm passt, kommt uns auch Gott manchmal über den Weg.
Da liegt ein Baby in einer Futterkrippe im Stall. Eine junge Israelin hat es geboren. Und nun kommen Menschen, die suchen Gott. Sie suchen den großen Gott, der ihnen als Herr

der Welt vertraut ist, als Schöpfer, als Höchster und Allmächtiger. Doch wen finden sie? Ein Kind einfacher Leute, in einem Stall geboren, in einer Futterkrippe liegend. – „Mein Gott, wie kommst du denn daher? Dich kennt man ja nicht wieder!"

Wahrhaftig, das ist nicht gerade sehr vertraut: Gott als Mensch, Gott als Kind und dann noch in dieser Situation. Da würde ihn keiner erwarten und erst recht nicht so. Doch unser Gott ist ein schöpferischer Gott, er kommt, um es mit unseren Alltagsworten zu sagen, „auf die verrücktesten Ideen". Das ist tatsächlich ver-rückt im Vergleich zu den Gottesbildern, die uns vertraut sind.

Gott überrascht uns immer wieder: Da liegt ein Mann am Ölberg vor den Toren von Jerusalem, vor Angst in Schweiß gebadet. „Vater, lass es doch an mir vorüber gehen", bettelt er. Elend fühlt er sich, wie Tausende anderer, die voller Angst stecken: Jesus, Gottes Sohn. „Mein Gott, wie kommst du denn daher, wie liegst du denn da am Boden? Dich kennt man ja nicht wieder! Was ist denn da noch von Göttlichkeit zu sehen und wahrzunehmen, so elend wie du da bist?" Gottes Sohn, verängstigt, in Schicksalsgemeinschaft mit allen Verängstigten dieser Welt: Gott so wahrzunehmen, ist uns nicht vertraut.

Gott überrascht uns immer wieder: Da kommt Maria von Magdala zum Grab, sie weint, fühlt Trauer und Schmerz. Sie möchte dem toten Jesus die letzte Ehre erweisen, doch der ist nicht im Grab. Einer kommt daher wie ein Gärtner. Sie erkennt ihn erst, als er den Mund aufmacht und sagt: „Maria!". „Mein Gott, wie kommst du denn daher, man kennt dich ja nicht wieder! Als Toten habe ich dich erwartet, nach allem, was am Karfreitag geschehen ist. Tot ist tot, das ist mir vertraut – und jetzt kommst du plötzlich lebend daher, das ist überraschend, das gibt's doch nicht!" Als Realist gilt, wer angesichts einer solchen Situation sagt „unmöglich!". Als Fantast gilt, wer sagt „das gibt's!".

Gott, „als Mensch verkleidet"

Wir haben es mit einem Gott zu tun, das mögen diese drei Beispiele verdeutlichen, der uns gern und oft auf unvertrauten Wegen und in unvertrauter Gestalt begegnet. Das scheint die Glaubenserfahrung vieler zu sein, denn das Motiv, dass Gott uns in unvertrauter Gestalt begegnet, gleichsam „als

Mensch verkleidet", ist Thema unzähliger Legenden und Geschichten. Stellvertretend für viele sei hier eine erzählt, ein Zigeunermärchen, überschrieben „Warten auf den lieben Gott"

Es war einmal eine alte Frau, der hatte der liebe Gott versprochen, sie heute zu besuchen. Darauf war sie nun natürlich nicht wenig stolz. Sie scheuerte und putzte, buk und tischte auf. Und dann fing sie an, auf den lieben Gott zu warten.
Auf einmal klopfte es an die Tür. Geschwind öffnete die Alte, aber als sie sah, dass draußen nur ein armer Bettler stand sagte sie:
„Nein, in Gottes Namen, geh heute deiner Wege! Ich warte eben gerade auf dem lieben Gott, ich kann dich nicht aufnehmen!"
Und damit ließ sie den Bettler gehen und warf die Tür hinter ihm zu.
Nach einer Weile klopfte es von neuem. Die Alte öffnete diesmal noch geschwinder als beim ersten Mal. Aber wen sah sie draußen stehen? Nur einen armen alten Mann.
„Ich warte heute auf den lieben Gott. Wahrhaftig, ich kann mich nicht um dich kümmern!"
Sprach's, und machte dem Alten die Tür vor der Nase zu.
Abermals eine Weile später klopfte es von neuem an die Tür. Doch als die Alte öffnete – wer stand da: wieder ein zerlumpter und hungriger Bettler, der sie inständig um ein wenig Brot und um ein Dach über dem Kopf für die Nacht bat.
„Ach, lass mich in Ruhe!" Ich warte auf den lieben Gott. Ich kann dich nicht bei mir aufnehmen."
Und der Bettler musste weiterwandern und die Alte fing aufs neue an zu warten.
Die Zeit ging hin, Stunde um Stunde. Es ging schon auf den Abend zu, und immer noch war der liebe Gott nicht zu sehen. Die Alte wurde immer bekümmerter. Wo mochte der liebe Gott geblieben sein?
Zu guter Letzt musste sie betrübt zu Bett gehen. Bald darauf schlief sie ein. Im Traum aber erschien ihr der liebe Gott. Er sprach zu ihr:

„Dreimal habe ich dich aufgesucht, und dreimal hast du mich hinausgewiesen!"

Von diesem Tag an nehmen alle, die von dieser Geschichte erfahren haben, alle auf, die zu ihnen kommen. Denn wie wollen sie wissen, wer es ist, der zu ihnen kommt? Wer wollte denn gern den lieben Gott von sich weisen?

(nach einem Zigeunermärchen)

Man merkt dieser Geschichte die Freude am Erzählen und Gestalten an. Diese Geschichte verkörpert eine elementare Erfahrung, die Freude auslöst, wenn ich begreife, dass Gott in Gestalt von Menschen in mein Leben tritt. Auch hier gilt: „Dahinter kommt man oft erst danach."

Gott tritt als Mensch verkleidet in mein Leben. In der Bibel findet sich dieses Thema immer wieder, etwa in der Abrahamsgeschichte: „Der Herr erschien Abraham bei den Eichen von Mamre. Abraham saß zur Zeit der Mittagshitze am Zelteingang. Er blickte auf und sah vor sich drei Männer stehen. Als er sie sah, lief er ihnen vom Zelteingang aus entgegen, warf sich zur Erde nieder" (Gen 18,1f). Gott in Gestalt von drei Männern: auch das ist nicht gerade eine vertraute Erscheinungsweise Gottes. Der Hebräerbrief spricht das Thema an, wenn es heißt: „Sei gastfreundlich zu Fremden. Manch einer hat, ohne dass er es wusste, schon Engel beherbergt." (Hebr. 13,2) Letzten Endes sind alle vier Evangelien nichts anderes als Berichte vom überraschenden und unvertrauten Auftreten Gottes in der Welt, indem er in Jesus als Mensch in unser Leben tritt. Immer wieder geht es um das gleiche Thema: Gott tritt in unvertrauter Gestalt, manchmal auch in der sehr vertrauten Gestalt von Menschen, die wir kennen, in unser Leben, wenn wir es nur merken.

Das macht deutlich: Unser Gott ist immer für eine Überraschung gut. Oft zeigt er sich in unvertrauten, in unerwarteten Verkleidungen. Oft geht er unvertraute Wege – und er geht sie in Gestalt von Menschen, denen keiner das zutraut: Er möchte seine frohe Botschaft zu den Heiden bringen. Doch er nimmt dazu nicht „die Offiziellen", die Zwölf, in Dienst, sondern ausgerechnet seinen ärgsten Verfolger, Saulus. Kein Wunder, dass Hananias und mit ihm die Christen von Damaskus in Angst und Schrecken verfallen (Apg 9,10ff). In diesem Verfolger Saulus, von dem keiner das erwartet hätte, der zum Paulus wurde, kam Gott zu ihnen.

Gott ist immer für eine Überraschung gut. Im beginnenden 13. Jahrhundert läutete Gott die Erneuerung seiner Kirche durch eine große Armutsbewegung ein, der sich immer mehr Menschen anschlossen. Dazu nahm er Frauen und Männer in Dienst wie Klara, wie Elisabeth, wie Franziskus, wie Dominikus. Gerade auch für diese franziskanische Erneuerung nahm er auf recht ungewöhnliche Weise einen Papst in Dienst. Was tut ein Papst, um die Kirche zu erneuern? Er kann ein Konzil einberufen, wie es Johannes XXIII. getan hat. Das hat Innozenz III. damals nicht gemacht. Gott ging mit ihm überraschende, unvertraute Wege. Diesem Papst schickte er einen Traum. Ein Papst träumt! Und noch ungewöhnlicher: Der Papst traute seinem Traum. Er sah im Traum einen kleinen Mann, der die wankende und einsturzgefährdete Kirche stützte, Franziskus. Daraufhin gab er dem Franziskus seinen Segen zu dem neuen, unvertrauten Weg. Ein Papst, der seinen Träumen traut, das ist wahrhaftig ein unvertrauter Weg, auf dem Gott in seine Kirche hineinwirkt. Gott geht unvertraute Wege – zum Beispiel im Leben eines baskischen Edelmanns. In Gestalt einer steinernen Kanonenkugel schoss sich Gott in das Leben dieses Mannes hinein, verletzte ihn, veränderte sein Leben und setzte es auf eine Spur, die Kirche und Weltgeschichte beeinflusst und verändert hat. Der Mann war Ignatius von Loyola, der Gründer des Jesuitenordens.

Der überraschende Gott – Quelle der Hoffnung

Gott zeigt sich oft im Unvertrauten, in dem, was ich nicht erwarte, im Überraschenden; darum: „Suchst du Gott, dann such ihn im Unvertrauten!“. Für manchen wird das nichts besonderes sein. Das sind die „Paulus-Naturen“, Menschen, die eine Vorliebe für unvertraute Wege haben, Menschen, die sich durch eine Abenteuerlust unterscheiden – „Sag dem Abenteuer, ich komme!“ –, Menschen, die neugierig sind, die sich nicht mit vorschnellen Antworten zufrieden geben. Sie lieben diesen Gott und seine Lust an unvertrauten und überraschenden Wegen. Sie verkörpern etwas von der Mentalität des George Bernhard Shaw, der geschrieben hat: „Manche Leute sehen Dinge, und fragen: Warum? Ich träume von Dingen, die es nie gab, und frage: Warum eigentlich nicht?“ Das ist Offenheit für unvertraute, neue Wege.

Andere müssen sich mühsam und verunsichert an diesen Gott und seine Überraschungen gewöhnen. Das sind Menschen, die sich vom Naturell her im Vertrauten und in voraussagbaren Bahnen wohlfühlen. Ihnen bereitet das Abenteuer nur wenig Lust. Sie haben eine Sehnsucht nach Dauer, nach Verlässlichkeit, nach Vertrautheit.
Wie auch immer der persönliche Zugang eines Menschen zu Gott ist, er muss sich mit einem Gott auseinander setzen, der unvertraut und überraschend in sein Leben tritt. So bricht Gott unsere Horizonte auf und durchbricht unsere Enge in eine neue und unvertraute, aber befreiende Weite. Das ist für mich sprudelnde Quelle der Hoffnung. Das immer Gleiche kann zwar ein Grundvertrauen, das trägt, aufbauen: Es ist gestern gut gegangen, warum soll es nicht morgen auch gut gehen?! Buchstabiere ich das aber konsequent bis in alle Phasen meines Lebens durch, beginnt irgendwann die Spur der Hoffnungslosigkeit. Immer das Gleiche – das ist ein Kreislauf von Wiederholungen. Alles ist voraussagbar. Das wird bald langweilig und vor allem: Irgendwann mündet das todsicher in den Tod. Genau für diese Nahtstelle hat das immer Gleiche die Botschaft: Jetzt ist es aus, jetzt ist dein Ende, endgültig. Jedenfalls hat noch niemand einen Toten wiederkommen sehen. Wenn das der Endpunkt ist, ist dann das Leben, das davor liegt und das darauf hinsteuert, wirklich ein Leben, wenn die Überraschungen und damit auch die Perspektiven fehlen, wenn ich heute schon weiß, was morgen kommt? Gäbe es nur die vertrauten Möglichkeiten, Jesus läge heute noch im Grab, wenn er überhaupt geboren wäre, denn beides sind überraschende und unvertraute Wege Gottes.
Was gibt meinem Leben Zukunft, was gibt ihm Würze, wenn nicht die Hoffnung auf das ganz Andere, das bis jetzt noch Unbekannte und Unvertraute. Das ist die Hoffnung auf einen Gott, der die Welt vollenden wird und dem dazu Möglichkeiten zueigen sind, die wir weder kennen noch ahnen. Es ist die Hoffnung auf einen Gott mit seinen unbegrenzten Möglichkeiten, dieser begrenzten Welt und meinem begrenzten Leben Zukunft und Hoffnung zu geben.
Eine mir lieb gewordene Begebenheit las ich vor Jahren in einem Buch über Kreativität (ich kann die Quelle nicht mehr nennen). Sie erzählt von einem jungen Ehepaar, dessen erstes Kind ins Krabbelalter kam. Überall griff es zu, zog an Tischdecken und Sofakissen. Ein gefährliches Alter! Das Weihnachtsfest kam näher. Einerseits hatten sie große Freu-

de an ihrem Kind, andererseits wollten sie nicht auf den lieb gewordenen Weihnachtsbaum verzichten. Was aber, wenn der Kleine in der Wohnung herumkrabbelte und den Baum umriss? Baum und Kind: das wurde schwierig. Sie suchten nach einer Lösung – und fanden eine: für Kinder gibt es Laufställe. Sie kauften einen Laufstall, kauften und schmückten den Weihnachtsbaum, freuten sich daran und setzten den kleinen Sohn in den Laufstall. Doch das Problem war damit nicht gelöst, denn der Kleine schrie wie am Spieß, weil man ihn seiner Freiheit beraubt hatte. Also mussten sie neu überlegen. Und sie fanden eine Lösung. Sie nahmen das Kind aus dem Laufstall und stellten den Weihnachtsbaum in den Laufstall. Auf diese Art war der Weihnachtsbaum geschützt und der Kleine konnte sich in der ganzen Wohnung entfalten.
An dieser Geschichte habe ich meine helle Freude, weil die Lösung so umwerfend einfach ist, und darum auch so befreiend. Um sie zu finden, mussten sie nur die überlieferte Denkvorstellung durchbrechen, dass ein Laufstall für Kinder ist. Warum sollte ein Laufstall nicht auch für Weihnachtsbäume sein? Man muss nur umdenken, in unvertrauten Bahnen denken und plötzlich entsteht ein Raum von Freiheit und von Aufatmen.

„Da sprengt er Riegel, Schloss und Stein“

Die Geschichte Gottes mit uns Menschen lässt unseren Gott als einen Gott erfahren, der ungewohnte Denkarten gerne denkt und damit Befreiung und neuen Lebensraum für sein Volk schafft. So durchbricht er unsere Enge in eine befreiende Weite. Das macht sich für mich in besonderer Weise am Ostergeheimnis fest, an Tod und Auferstehung Jesu. Sage mir keiner, das wäre eine alltägliche Nachricht, auch wenn wir damit groß geworden sind. Ein Toter lebt – das ist nicht alltäglich! Trotzdem singen wir Jahr für Jahr Lieder wie : „Christus Sieger über Tod und Hölle“, „Des Morgens früh am dritten Tag da noch der Stein am Grabe lag, erstand er frei ohn alle Plag.“ „Uns ist geschenkt sein Heiliger Geist, ein Leben das kein Tod entreißt.“ „Glückselig alle, die nicht sehen, und dennoch fest im Glauben stehn.“ Trotzdem beten wir im Glaubensbekenntnis: „Ich glaube an die Auferstehung der Toten“ – Sonntag für Sonntag beten wir das. Das sind Worte in unserem Mund, die manchen zur Selbstverständlichkeit geworden sind, obwohl sie alles andere als selbstverständlich

sind. Ich stelle die Frage: Glauben wir diese Worte auch? Bekennen wir sie nur mit dem Mund oder glauben wir sie auch?
Wie würde die Kirche aussehen, wenn wir Christen wirklich glauben würden, was wir zu Ostern alles singen und bekennen, nicht nur für wahr halten, sondern glauben, indem wir unser Leben daraus gestalten, indem an unserem Leben spürbar wird, was wir singen? „Da sprengt er Riegel, Schloss und Stein." Wie würde die Kirche aussehen, wenn ich das nicht nur singe, sondern lebe? Würde mich das mutig machen, optimistisch, fantasievoll? Würde es mich offen machen für neue, unvertraute Wege und Anfänge, die dem Leben dienen? Oder behält Lothar Zenetti recht? Vor 30 Jahren hat er diesen Text geschrieben:

> Frag hundert Katholiken/was das wichtigste ist in der Kirche.
> sie werden antworten: die Messe.
> Frag hundert Katholiken/was das wichtigste ist in der Messe.
> sie werden antworten: die Wandlung.
> Sag hundert Katholiken/dass das wichtsgste in der Kirche die Wandlung ist.
> Sie werden empört sein: Nein, alles soll bleiben/wie es ist.
>
> (Texte der Zuversicht,München 1972, S. 207)

Manchmal bin ich enttäuscht, wenn ich die Ängstlichkeit und Zögerlichkeit von uns Christen sehe, unsere Mut- und Fantasielosigkeit. Wie viel Angst ist da vor neuen Wegen, wie viel Angst vor der jungen Generation und ihren Ausdrucksformen, wie viel Angst, mit dem jetzt 40 Jahre alten Konzil endlich ernst zu machen, wie viel Angst, auf Menschen, die in der Kirche an den Rand geraten sind, zuzugehen, wie viel Angst, Gescheiterte zu integrieren. Manchmal ist es nicht leicht am Leben von uns Christen abzulesen, dass wir an einen Gott glauben, der aus dem Grab erstanden und lebendig ist, der so viel Fantasie entwickelt, um uns - seine Christen - auf die Spur des Lebens zu locken. Im Bild: Wir Christen sind oft wie eine Schildkröten; zu Ostern tippeln wir ein paar Schritte nach vorn, stecken den Kopf unter dem Panzer hervor und singen „Halleluja, Jesus lebt, er hat die Macht des Todes gebrochen!" - doch wenn es darum geht, solchen mutigen Glauben mit Leben zu füllen, ziehen wir schnell wieder

den Kopf unter den Panzer. Was wäre das eine Kirche, wenn wir Christen leben würden, was wir glauben, wenn wir mit Gottes unerschöpflichen Möglichkeiten wirklich rechnen würden, wenn wir nicht unsere menschliche Ängstlichkeit zum Maß Gottes machen würden!
Ohne Frage, Gott ist auch im Vertrauten. Aber genauso fraglos ist er im Unvertrauten, im Überraschenden, im Neuen - oft so überraschend und neu, dass die Jünger glaubten, ein Gespenst zu sehen, als Jesus bei verschlossenen Türen in ihre Mitte trat, wie Lukas berichtet (Lk 24, 37). Doch dieses „Gespenst" war der Auferstandene Herr!

„Gespenster" - oder Hoffnungsträger?

Vielleicht lohnt es sich, der Frage nachzugehen, wo Christen heute Gespenster sehen, die vielleicht etwas mit dem lebendigen Gott zu tun haben könnten? Wo sehen wir Gespenster?
Ich habe den Eindruck, dass sich unsere Kirche immer schwer getan hat und auch schwer tut im Umgang mit Leuten, die manche „Querdenker" nennen. Das sind Menschen, die begabt sind, unvertraute Gedanken und Zusammenhänge zu denken und auszusprechen, die Pastoral anders als vertraut gestalten und neue Wege erproben. Wie schnell wittert man die Gespenster von Irrlehren und falschen Wegen, anstatt auf die Chance zu hoffen, dass sich in so begabten Menschen neue Möglichkeiten Gottes anbahnen für eine neue Lebendigkeit seiner Kirche.
Den jüdischen Rabbi Gamaliel wünschte ich mir als Heiligen und Leitbild für meine Kirche. Die Apostelgeschichte erzählt von ihm.

> „Da erhob sich im Hohen Rat ein Pharisäer namens Gamaliël, ein beim ganzen Volk angesehener Gesetzeslehrer; er ließ die Apostel für kurze Zeit hinausführen. Dann sagte er: Israeliten, überlegt euch gut, was ihr mit diesen Leuten tun wollt. Vor einiger Zeit nämlich trat Theudas auf und behauptete, er sei etwas Besonderes. Ihm schlossen sich etwa vierhundert Männer an. Aber er wurde getötet und sein ganzer Anhang wurde zerstreut und aufgerieben.
> Nach ihm trat in den Tagen der Volkszählung Judas, der Galiläer, auf; er brachte viel Volk hinter sich und verlei-

> tete es zum Aufruhr. Auch er kam um und alle seine Anhänger wurden zerstreut. Darum rate ich euch jetzt: Lasst von diesen Männern ab und gebt sie frei; denn wenn dieses Vorhaben oder dieses Werk von Menschen stammt, wird es zerstört werden; stammt es aber von Gott, so könnt ihr sie nicht vernichten; sonst werdet ihr noch als Kämpfer gegen Gott dastehen. (Apg 5, 34-39)

Diese Weite und innere Freiheit des Gamaliel wünschte ich mir für meine Kirche. Man muss doch nicht alle Leute, die anders denken, gleich an den Rand schieben und ihnen den Mund verbieten, als würde Gott nicht auch selbst für seine Kirche sorgen und ein Interesse daran haben, dass diese Kirche gut in die Zukunft kommt. „Jerusalem, Jerusalem, du tötest die Propheten und steinigst die Boten, die zu dir gesandt sind." (Lk 13, 34) Zumindest möchte ich diese Klage Jesu als Frage auch an uns heute zulassen!
Wo sehen wir heute Gespenster, wo beschleicht uns die Angst, ob das wirklich noch von Gott ist? Ich nehme das in einem zweiten Bereich wahr: Unsere Kirche ist ihrem Wesen nach missionarisch. Das ist die Sendung des Auferstandenen an seine Jünger: „Geht zu allen Völkern, geht bis ans Ende der Zeit und erzählt von dem, was ich durch meine Worte und mein Leben als Botschaft in die Welt gebracht habe. Die Apostel sind davon so ergriffen, dass sie sagen: „Wir können unmöglich schweigen." (Apg 4, 20) Sie spüren dieses Missionarische in sich. Es ist nicht nur der Auftrag, sie spüren es auch in sich, weil ihr Herz von dem voll ist, was sie erlebt haben. Darum sind sie aufgebrochen und haben das Evangelium in andere Länder und in andere Kulturen gebracht, den ersten Schritt in der ihnen vertrauten Gestalt der jüdischen Kultur. Ähnliches hat später die europäische Kirche getan. Sie hat den Glauben in alle Länder und Kontinente gebracht - in der ihr vertrauten, europäischen Gestalt.
Doch dann veröffentlichte Papst Paul VI. am 8. Dezember 1975 ein apostolisches Rundschreiben (Evangelii nuntiandi), in dem er die Kirche auffordert, das umzusetzen, was er Inkulturation nennt. Inkulturation implantiert nicht eine fremde Kultur, sondern nimmt die Kulturen der Völker ernst, setzt diese Kulturen der Völker mit dem Glauben in Beziehung, versucht, Ausdrucksformen des Glaubens zu finden, die einem Volk und seiner Kultur vertraut sind. Wie viel Angst kommt auf, wenn in Befolgung dieses Auftrages Ortskirchen

beginnen, den Glauben im Horizont ihrer Kultur zu formulieren. Wie misstrauisch wird dann „Westkirche“, die sich für Weltkirche(Walbert Bühlmann) hält, anstatt der von Gott geschaffenen Vielfalt der Kulturen Raum zu geben in einer Vielfalt der Artikulation und der Ausgestaltung des einen Glaubens, die miteinander unter einem Pontifex (Brückenbauer) in Beziehung steht und lebt. Kirche ist vielgestaltig.

In diesem Zusammenhang gilt es, noch eine weitere Frage zu bedenken: Ein „Missionsland“ möchte ich besonders hervorheben: das Missionsland mit dem Namen „Zukunft“. Bewohnt wird es von denen, die heute Kinder und Jugendliche sind. Auch dieses Missionsland Zukunft hat seine eigene Kultur. Es ist unsere Aufgabe als Kirche, unseren Glauben auch in die Lebens- und Verhaltenskultur junger Menschen hinein zu buchstabieren, bzw. mit ihnen im Gespräch zu sein. Bei Kindergottesdiensten ist das noch vertraut, aber wenn das allmählich vom Alter her kritischer wird, steigt auch die Ängstlichkeit. Für das Missionsland Zukunft haben wir eine große Verantwortung. Wir erreichen dieses Missionsland mit unserem Glauben nur, wenn wir die unvertrauten Wege Gottes wagen, uns zumindest nicht verschließen, wenn Gott solche Wege mit uns gehen will. Dazu brauchen wir, die in diesem Glauben und auf diesem Weg schon einige Jahre gelebt haben, eine Einstellung wie der greise Simeon. Er trägt im Tempel ein Kind in seinem Arm und sagt: „Das ist die Zukunft.“ (Lk 2, 25ff)

„totaliter aliter“ – „Warum eigentlich nicht?“

Eine Anekdote erzählt, dass zwei Theologieprofessoren, die über Gott und seinen Himmel viel geschrieben hatten, eine Abmachung getroffen hatten: Wer von uns zweien als erster stirbt, der erscheint dem anderen im Traum und sagt ihm, wie es bei Gott wirklich ist. Der erste starb und erschien bald darauf dem anderen im Traum. Der konnte es kaum abwarten, weil er wissen wollte, ob seine Bücher stimmen. Er fragte in lateinischer Sprache: „Qualiter?“ (Wie ist es denn dort?), und bekam die Antwort: „Totaliter aliter!“ (Total anders).

So ist unser Gott: Total anders, als wir ihn denken, überraschend, unvertraut. Würde doch von diesem Gott, der so total anders ist, auch etwas auf uns, seine Christen, abfärben, dass man an uns etwas ablesen könnte von dem, was Geor-

ge Bernhard Shaw gesagt hat: „Ich träume von Dingen, die es nie gab, und frage, warum eigentlich nicht?“ Das ist mein Traum: Christen, die Mut sagen, wo andere Angst sagen, die Vergebung sagen, wo andere Rache sagen, die Frieden sagen und leben, wo andere Krieg sagen und leben, die „neue Chance“ sagen, wo andere sagen „hoffnungslos“. Was ich meine, heißt im schon erzählten Bild: Christen bereit sind zu sagen: Weihnachtsbaum in den Laufstall!
Gott ist ganz anders; wir, seine Christen auch?
„Warum eigentlich nicht?“ (George Bernhard Shaw)

Gebet

Du Gott im Unvertrauten,
unerschöpflich sind deine Möglichkeiten.
Immer wieder überrascht du uns,
wenn wir vor Mauern und Grenzen stehen,
wenn wir im Trott einschlafen,
wenn das immer Gleiche
unsere Aufmerksamkeit trübt.
In immer neuen Verkleidungen
trittst du in unser Leben.
Manchmal halten wir dich gar
für ein Gespenst,
weil wir nicht für möglich halten,
was dir möglich ist.
Du Gott der unbegrenzten Möglichkeiten
bist uns Quelle der Hoffnung
für unser festgefahrenes Leben.
Öffne uns Sinne und Herz
für deine Überraschungen,
die uns Zukunft und Hoffnung schenken.

Meditation
zu Lk 24, 5

Was sucht ihr
den Lebenden
bei den Toten?
„Den Lebenden?“
Der ist doch tot!

Mit eigenen Augen
haben wir's gesehen,
ein römischer Offizier
war Augenzeuge;
eine gaffende Menge
hat es mitbekommen
wie er
am Freitag so gegen drei
starb."

„Und wenn ihr's tausendmal
gesehen habt:
das Wesentliche
bleibt den Augen verborgen!
Er, den ihr sucht,
lebt.
Ihr sucht
den Lebenden
bei den Toten.
Sucht lieber
eure Toten
bei IHM,
dem Lebenden,
eure toten Hoffnungen,
eure tote Sehnsucht,
eure toten Erwartungen,
eure toten Schwestern und Brüder:
für ihn
sind alle lebend,
mögen sie -
gesehen mit den Augen des Leibes,
gemessen mit den Maßstäben des Menschen,
beurteilt im Horizont der Welt -
auch noch so tot sein!"

„Was sucht ihr
den Lebenden
bei den Toten?"
Seit die zwei Männer im Grab
diesen Satz sprachen
- mit einer umwerfenden
Selbstverständlichkeit -
heißt es:

umdenken,
weiterdenken!
Das einzige,
was man seitdem
endgültig begraben darf,
ist das Wort:
„unmöglich!“

6.

Suchst du Gott, dann such ihn an deiner Seite

Gedanken zu einer Theologie des Kreuzes

Schrifttext: Mt 27, 31ff

Dann führten sie Jesus hinaus, um ihn zu kreuzigen. Auf dem Weg trafen sie einen Mann aus Zyrene namens Simon; ihn zwangen sie, Jesus das Kreuz zu tragen. So kamen sie an den Ort, der Golgota genannt wird, das heißt Schädelhöhe. Nachdem sie ihn gekreuzigt hatten, warfen sie das Los und verteilten seine Kleider unter sich.
Über seinem Kopf hatten sie eine Aufschrift angebracht, die seine Schuld angab: Das ist Jesus, der König der Juden. Die Leute, die vorbeikamen, verhöhnten ihn, schüttelten den Kopf und riefen: Du willst den Tempel niederreißen und in drei Tagen wieder aufbauen? Wenn du Gottes Sohn bist, hilf dir selbst, und steig herab vom Kreuz!
Von der sechsten bis zur neunten Stunde herrschte eine Finsternis im ganzen Land. Um die neunte Stunde rief Jesus laut: Mein Gott, mein Gott, warum hast du mich verlassen? Einige von denen, die dabeistanden und es hörten, sagten: Er ruft nach Elija. Jesus aber schrie noch einmal laut auf. Dann hauchte er den Geist aus.

„Mein dorngekrönter Bruder steht mir bei“

Die folgenden Zeilen spricht in einem Gedicht von Konrad Ferdinand Meyer der sterbende Reformator Ullrich von Hutten:

„Fernab der Welt. Im Reiche meines Blicks
an nackter Wand allein das Kruzifix.
In heilen Tagen liebt in Hof und Saal
ich nicht das Bild des Schmerzes und der Qual;
doch Qual und Schmerz ist auch ein irdisch Teil,
das wusste Christ und schuf am Kreuz das Heil.
Je länger ich's betrachte, wird die Last
mir abgenommen um die Hälfte fast,
denn statt des einen leiden unserer zwei:
mein dorngekrönter Bruder steht mir bei.“

(zitiert aus: *Jörg Zink*, Wie wir beten können, Stuttgart 1970,133)

Die Gedanken dieses Gedichtes sind nach meinem Empfinden sehr nah an menschlicher Lebens- und Glaubenserfahrung formuliert:

Fernab der Welt. Leiden isoliert. Du kannst nicht wie gewohnt am normalen Leben anderer teilnehmen. Der Schmerz drängt dich in die Isolation, in die Einsamkeit, grenzt dich ab. Auch die anderen grenzen sich von dir ab. Eine Zeit lang kommen sie, nehmen Anteil, fragen, zeigen Mitgefühl. Dauert die Leidsituation aber länger, werden diese Kontakte und freundlichen Gesten nach und nach weniger. Wenn Leid dich trifft, bist du bald „fernab der Welt". Dein Kreuz, auch wenn du es mitten unter Menschen trägst, ist fernab der Welt. Und mit jedem Schritt, den du es länger tragen musst, macht es dich einsamer. Du kannst unter Hunderten von Menschen einsamer sein als der Mann im Mond.

An nackter Wand allein das Kruzifix. Der Karfreitag kennt keine Blumen, das Leiden kennt keinen Schmuck. Die Wände deines Leidensraumes sind nackt, wie die Wände so manchen Krankenzimmers. Im Leiden ist das Schöne meist verschwunden. Die Überlebenden sitzen auf Trümmern, die der Krieg zurücklässt oder ein Erdbeben, auf den Trümmern, die ein Scheitern zurücklässt, ein Misslingen. Der Karfreitag kennt keine Blumen, das Kreuz ragt in den nackten Himmel. Selbst die Sonne, so erzählt das Evangelium, verfinstert sich.

Doch Schmerz und Qual ist auch ein irdisch Teil. Schmerz und Qual ist wahrhaftig ein Teil des Lebens. Der Römerbrief sagt es in den Worten: „Die Schöpfung liegt in Wehen." (Röm 8, 22) Das Geborenwerden kennt den Schmerz, der Tod kennt den Schmerz. Die schon erlöste, aber noch nicht vollendete Schöpfung kennt nicht nur den Ostermorgen, sie kennt viel intensiver und existentieller den Karfreitag. Das ist Teil meines Lebens, früher oder später. Ich kann dankbar sein, wenn ich jetzt noch davon verschont bin. Irgendwann kommen Leid und Qual auch in mein Leben. Das kann schon morgen sein. Schmerz und Qual ist auch ein irdisch Teil. Ich habe lange gebraucht, um das zu begreifen. Das Wort Jesu „Ich bin gekommen, dass sie das Leben haben und es in Fülle haben" (Joh 10, 10) habe ich lange Zeit so verstanden: Fülle meint: die Fülle des Glücks, die Fülle des Segens, die Fülle der Freude, die Fülle der Lebendigkeit und des Lebens. Doch in der Schule des Lebens habe ich nach und nach begriffen, dass zur Fülle auch die Täler gehören, nicht nur die Gipfel, dass zur Fülle auch das Dunkel gehört und nicht nur das Licht, dass zur Fülle auch Schmerz und Leid gehören, nicht nur Beglückendes und Berauschendes. Wer Schweres durchlitten und durchgestanden hat, spürt oft in viel tieferer Weise, was Leben ist, was Glück und Freude bereitet. Erst beides zusammen ist Leben und macht die Fülle des Lebens aus. Leiderfahrungen bohren unser Leben in die Tiefe. Schmerz und Qual ist ein irdisch Teil. Diese Wirklichkeit, vor der viele gerne die Augen verschließen, anzuschauen und anzunehmen, das erschließt Leben.

Das wusste Christ und schuf am Kreuz das Heil. Um dieses Geheimnis des Lebens und des Leidens wusste Jesus. Über Qual, Schmerz und Kreuz reden wir nicht erst, seit Jesus sein Kreuz getragen hat. Er wusste, dass es das im Leben des Menschen gibt. Lange bevor Jesus vor 2000 Jahren sein Kreuz getragen hat, gab es auf dieser Erde Kreuzträger, Menschen, die Kreuze, die Leid zu tragen hatten. Kreuztragen ist ein „irdisch Teil", vor Jesus, mit Jesus und nach Jesus. Es gab Kreuze und es gab Kreuzträger, wie er selbst einer wurde.
Und wie hat er das Heil am Kreuz geschaffen? Nicht indem er als erster Mensch das Kreuz getragen hat, und nun lädt er uns ein: „Nehmt auch ihr euer Kreuz und Ungemach auf euch und folgt meinem Wandel nach." Umgekehrt ist es. Wenn wir von „Kreuzesnachfolge" reden, dann sind zunächst nicht wir diejenigen, die Jesus in seinem Kreuz nachfolgen. Kreuzesnachfolge ist zunächst originales Tun Jesu. Er hat das Kreuz genommen und ist uns in unseren Kreuzen nachgefolgt. Er nahm sein Kreuz und Ungemach auf sich und folgte unserem Wandel, unserem Kreuztragen nach. Weil Menschen leiden, weil Menschen Kreuze tragen, hat er seines getragen, damit wir Kreuzträger ihn an unserer Seite finden. Auch in Schmerz und Qual, auch am Kreuz und im Sterben ist er einer von uns, an unserer Seite. Sein Kreuz ragt neben unseren Kreuzen.

Darum wird die Last mir abgenommen um die Hälfte fast. Ich bin nicht allein im Kreuztragen. Viele kennen das aus eigenem Erleben, was der Volksmund im Sprichwort verdichtet hat: „Geteiltes Leid ist halbes Leid!" Da ist einer an meiner Seite, der nimmt mir das Kreuz nicht von der Schulter, das kann er auch gar nicht, aber sein Dasein, sein Mitgehen, macht mir Mut und gibt mir Kraft, mein Kreuz zu tragen – denn: „statt des einen leiden unser zwei“. Gott ist beim Kreuztragen an meiner Seite. Er kennt, was ich durchmache. Das hat er auch durchlitten. Er versteht mein Schreien, er kennt mein „Warum-Rufen“, er versteht meine Tränen, er durchleidet die Dunkelheit meines Sterbens, „mein dorngekrönter Bruder steht mir bei“. Was Jesus tut und wie er es tut, das kennen wir aus alltäglichem Erleben, wenn da einer in meinen schweren Stunden an meiner Seite ist. Auch wenn er nichts für mich tun kann, die Tatsache, dass er an meiner Seite ist, das gibt mir Mut und Kraft. Darum: Suchst du Gott, dann such ihn an deiner Seite.

Kreuz und menschliche Schuld

Wenn wir Christen vom Kreuz reden, dann ist diese Art zu denken, wie sie Conrad Ferdinand Meyer in diesem Gedicht verdichtet hat, nicht die selbstverständliche. Viel häufiger reden Christen in Texten, Gebeten und Liedern, vom Kreuz in Beziehung zur Schuld des Menschen. Unsere Passionslieder sind voll davon:

> „Herzliebster Jesu, was hast du verbrochen, dass man ein solch hart Urteil hat gesprochen? Was ist die Ursach' aller solcher Plagen? Ach, meine Sünden haben dich geschlagen, ich mein Herr Jesu habe dies verschuldet, was du erduldet.
> Oh Haupt voll Blut und Wunden … ich, ich habe es verschuldet, was du getragen hast.“

Wie denke ich von Gott, wenn ich das Kreuz Christi derart in Beziehung zu meiner Schuld und Sünde stelle? Der Mensch erzürnt durch seine Sünde Gott so sehr, dass Gott mit meiner kleinen menschlichen Reue nicht zufrieden sein kann. Dafür lässt er am Kreuz seinen Sohn als Opfer schlachten. Durch sein Opfer wird der zornige Gott besänftigt. Immer, wenn es in Gebeten „für uns“ heißt, so etwa im Rosenkranz „der für uns das schwere Kreuz getragen hat“, denken viele bei dem „für“ an Ihre Sünden. Dabei bleiben Fragen offen. Mir fällt es schwer, eine solche Theologie nachzuvollziehen. Sie setzt das Kreuz Jesu mit der individuellen Sünde des Menschen in Beziehung. Passt das zum Gott unseres

Glaubens? Mit dem Gottesbild der Bibel vereinbart sich das für mich nicht, dass der große, der starke, der allmächtige Gott so empfindlich sein könnte und gleichzeitig so rachsüchtig, dass er ein solches Opfer forderte, um unsere vergleichsweise kleinen Sünden aus der Welt zu schaffen. Diese Theologie und die daraus erwachsende Frömmigkeit verkörpert das Bild eines strafenden Gottes. Wenn ich dieses Bild habe und gleichzeitig weiß, dass ich Sünder bin und bleibe, bin ich kontinuierlich mit dem Zorn Gottes konfrontiert und noch dazu mit der Belastung, dass meine Sünden Jesus ans Kreuz geschlagen haben. Ängstliche Seelen zerquälen sich daran, und die haben meist schon genug Mühsal zu tragen. Andere, die diese Denkart nicht nachvollziehen können, schieben den Gedanken an eine Erlösung am Kreuz einfach beiseite.
Natürlich ist menschliche Schuld in Jesu Leiden am Kreuz verwickelt. Aber in diese schuldverflochtene Welt ist er schon hineingeboren. Wenn Jesus sich der Sünde der Menschheit ausgeliefert hat, dann schon in seiner Menschwerdung. Er hat so gelebt und ist so gestorben, dass an seinem Weg ablesbar ist: Die Macht der Liebe Gottes ist stärker als alle Macht menschlicher Sünde. So hat er dem Menschen den Weg zu Gott neu erschlossen.

Kreuz und menschliches Leid

Näher liegend als die Beziehung von Kreuz und Schuld ist die Beziehung von Kreuz und menschlichem Leid, geht es doch bei beidem um Leid. Diese Beziehung hat eine viel größere Anschaulichkeit und Unmittelbarkeit. Bleiben wir noch einmal bei dem Stichwort Kreuzesnachfolge. „Mir nach, spricht Christus unser Held, mir nach, ihr Christen alle, … nehmt euer Kreuz und Ungemach auf euch, folgt meinem Wandel nach." „So lasst uns unsrem lieben Herrn mit unsrem Kreuz nachgehen." Auch wenn ich eben entfaltet habe, dass Kreuzesnachfolge zunächst etwas ist, was Gott tut, ist es trotzdem hilfreich, diese Gedanken zu denken. Jesus hat sein Kreuz getragen und hat mir damit vorgelebt und vorgemacht, wie ich mein Kreuz tragen kann. Er geht als Kreuzträger, als Leit- und Vorbild vor mir her. In der Reihe unserer Themen formuliert könnte das so lauten: Suchst du Gott, dann such ihn *vor* dir, als Leitbild. Das ist auf jeden Fall eine Deutung des Kreuzes, die Leben erschließen kann: Schau dir

an, wie Jesus sein Kreuz getragen hat, so kannst du es auch bewältigen. Das Kreuz gehört zu deinem Leben, und wenn du es trägst wie er, kannst du dein Kreuz auch bewältigen. Wir brauchen Leitbilder, die uns vorangehen, an denen wir unser eigenes Schicksal und unseren eigenen Weg ablesen können. Der Kreuzträger Jesus ist Leitbild für uns.
Aber das ist mir nicht genug, denn das Kreuz Jesu enthält eine noch fundamentalere Zusage für uns Menschen: *„Gott mit uns"*. Das ist mehr als „Gott für uns". Gott mit uns auf dem Weg, Emmanuel. Unter dem Namen Emmanuel ist er vom Propheten angekündigt worden. Dieses „Gott mit uns" verkörpert die Solidarität Gottes mit dem leidenden Menschen.

Kreuzweg - Gott mit uns

Das wird mir deutlich am Kreuzweg Jesu, der vielen immer noch ein Lieblingsgebet ist. Der Kreuzweg will mir nicht vor Augen führen, wie es leider viele Kreuzweggebete tun: Du bist der Schlimme, der das alles verursacht hat. Vielmehr ist der Kreuzweg ein Weg, der mir den Weg Jesu an der Seite des leidenden Menschen anschaulich vor Augen führt:
Jesus wird zum Tod verurteilt, zu Unrecht. Damit steht er an der Seite derer, die unschuldig, zu Unrecht verurteilt werden, die sich nicht wehren können, an der Seite derer, die von Vorurteilen verurteilt werden.
Jesus nimmt das Kreuz auf seine Schulter. Damit geht er an der Seite derer, die im Leben Kreuze und schwere Lasten zu tragen haben.
Jesus fällt zum ersten Mal unter dem Kreuz. Damit liegt er an der Seite derer, die unter der Last des Lebens zusammenbrechen.
Jesus begegnet seiner Mutter. Damit steht er an der Seite der Mütter und Väter, die miterleben müssen, wie ihre Kinder leiden und sterben.
Jesus fällt zum zweiten Mal unter dem Kreuz. Damit liegt er an der Seite derer, die rückfällig werden, die zum zweiten Mal fallen und sich schwer tun, zum zweiten Mal aufzustehen.
Jesus fällt zum dritten Mal unter dem Kreuz. Damit liegt er an der Seite derer, die am Ende sind, die nicht mehr können, die nicht mehr weiter wissen.
Jesus wird seiner Kleider beraubt. Damit steht an der Seite derer, die entblößt dastehen, ihrer Menschenwürde und ih-

rer Menschenrechte beraubt, an denen man sich versündigt, weil man ihnen nicht nur die Kleider, sondern auch ihre Würde und ihr Recht raubt.

Jesus wird ans Kreuz genagelt. Damit ist er festgenagelt an der Seite all derer, die festgenagelt sind an ein Kreuz, an ein Schicksal, die nicht mehr davon loskommen.

Jesus stirbt am Kreuz. Damit hängt er an der Seite derer, die sterben, wie auch immer sie sterben. Es lohnt, bei diesem Sterben genauer hinzuschauen. Die Evangelisten erzählen das Sterben Jesu sehr unterschiedlich. Markus und Matthäus schildern es so: Jesus schrie: „Mein Gott, mein Gott, warum hast du mich verlassen?" Und er schrie noch einmal und starb. Lukas dagegen schreibt, dass Jesus mit den Worten stirbt: „Vater, in deine Hände empfehle ich meinen Geist." Bei Johannes stirbt Jesus „theologisch korrekt" mit den Worten: „Es ist vollbracht." So unterschiedlich erzählen die Evangelisten das Sterben Jesu. Im Kanon der Evangelien hat man diese widersprüchlichen Darstellungen nicht harmonisiert, man hat sie nebeneinander stehen lassen. So kann sich der, der unversöhnt mit dem Sterben schreiend, fragend und suchend stirbt, genauso mit Jesus verbunden wissen, wie der, der vertrauensvoll sagen kann: „Vater, in deine Hände empfehle ich meinen Geist", der in dieser Weise sein Leben aus der Hand und in Gott zurückgibt.

Jesus wird in den Schoß seiner Mutter gelegt. Damit an der Seite der Mütter, die um ihre toten Kinder weinen, nicht zuletzt hier und heute im Irak.

Jesus wird ins Grab gelegt. Damit liegt er neben unseren Toten, neben denen, die uns lieb sind, neben denen, die im Krieg sterben, die einem Erdbeben zum Opfer fallen, die unter dem World-Trade-Center begraben sind, neben uns, den Toten von morgen. Für alle verkörpert er die Hoffnung auf den Ostermorgen. Deswegen die Lichter, die wir auf die Gräber setzen.

Der Kreuzweg ist für mich ein Gebet, das die Solidarität Gottes mit den leidenden Menschen in allen Stationen spürbar und sichtbar macht. Gott an meiner Seite. „Statt des einen leiden unser zwei. Mein dorngekrönter Bruder steht mir bei."

Warum tut Gott das? Wegen unserer Sünden? Vielleicht. Ich glaube, er tut es wegen unseres Leids, damit wir in unserem Leid einen mit-leidenden Gott an unserer Seite finden. Was sollte ihn dazu bewegen, wenn nicht die Liebe? So weit geht die Liebe. Die meisten Zeitgenossen hätten Verständnis gehabt, wenn Jesus angesichts des Kreuzes gesagt hätte: „Nein, das geht mir zu weit! Ich bin bereit, mich für euch einzusetzen, ich bin bereit, vieles für euch zu tun und einzustecken, denn ihr bedeutet mir viel. Aber das geht zu weit. Ich muss auch an mich selber denken." Mit Sicherheit hätte er für diese Einstellung Beifallklatscher gefunden: „Das hast du richtig gemacht, du wärst ja schön dumm gewesen, Jesus! Einmal ist das Maß voll, auch das Maß der Liebe." Jesus ist vor dem Kreuz nicht ausgewichen, er hat es getragen und ist am Kreuz gestorben. Auf das „warum" weiß ich nur eine Antwort: aus Liebe.

Liebe ist auf den ersten Blick Freude, Beschenktsein, Lust, „der Himmel voller Geigen". Doch man muss nicht einmal lange hinschauen, um in der Liebe auch auf das Geheimnis des Kreuztragens zu stoßen. Kreuz tragen und Liebe gehören im Leben Jesu wie in unserem Leben zusammen. Wenn zwei Menschen bei einer Trauung laut und vernehmlich „Ja" zueinander sagen, versprechen sie sich Treue in guten und in bösen Tagen, in Gesundheit und Krankheit – „solange ich lebe". Das heißt doch: „Ich mache mich mit dir auf den Weg, nicht nur, wenn du mir deine Sonnenseiten zeigst, wenn wir Glück miteinander und aneinander erleben", sondern auch: „Ich bleibe mit dir auf dem Weg, wenn es gilt, miteinander Kreuz und Leid zu tragen, uns gegenseitig als Kreuz zu tragen, wenn wir uns zur Last werden." Das ist der Vertrauen schenkende Boden der Liebe, auf dem man das Leben wagen kann. Ich kann mich riskieren, weil ein anderer zu mir ja sagt und zu mir steht, auch da, wo ich ihm zum Kreuz werde und es auch mir selber bin. Aus solchem Miteinander der Liebe wachsen die beglückendsten Erfahrungen der Liebe und – wo es verweigert wird, die bittersten. Solange alles schön und gut war, wurde ich geliebt. Kaum aber zeigte ich mein Alltagsgesicht, hieß es: „Das geht zu weit." Liebe bewährt sich auch im Kreuztragen. Meine Grenze ist nicht der Endpunkt der Liebe des anderen, sondern die Herausforderung der Liebe des anderen. Das ist beglückend, das schenkt Mut zum Leben. In schweren Situationen fällt gelegentlich der Satz: Jetzt weiß ich erst, was ich an meiner Frau habe, jetzt weiß ich erst, was ich an meinem Mann habe!" Und der Partner sagt nur: Das ist doch selbstverständlich, ich liebe sie/ihn doch."

So sind auch bei Jesus das Geheimnis der Liebe und das Geheimnis des Kreuzes eng beieinander. Darum ist der Karfreitag einer der beglückendsten Tag im Leben eines Christen. Ganze Kontinente wie Lateinamerika feiern den Karfreitag als den höchsten Festtag, weil sie an diesem Tag in herausragender Weise erleben: Wo ich leide, leidet Gott mit mir, ist er an meiner Seite. Er weicht nicht aus, er liebt mich bedingungslos in guten und in schweren Zeiten, er liebt mich in meinem Gelingen und er ist liebend an meiner Seite in meiner Begrenztheit, meiner Schuld, meinem Leid. Das alles ist für ihn kein Grund, seine Treue zu mir zurückzuziehen und sich das Kreuz, das ich tragen muss, nicht zumuten zu lassen. Jesus hätte es sich leicht machen können. Er hätte ungeschoren davonkommen können. Doch dann wären die Leidenden, die Kreuzträger, denen er vorher Mut gemacht hatte, alle wieder ohne Hoffnung gewesen – bis auf den heutigen Tag. Er hat es sich nicht leicht gemacht, er hat das Kreuz auf sich genommen, er hat das Kreuz getragen, sich ans Kreuz nageln lassen, er ist am Kreuz gestorben. „Statt des einen leiden unser zwei." Das zu verstehen ist eine Frage der Liebe.

In schweren Stunden nicht allein

Die meisten Christen haben in der Wohnung ein Kreuz an der Wand hängen, viele tragen ein Kreuz am Kettchen auf der Brust. Diese Kreuze wollen erinnern. Sie wollen mir vor Augen halten, dass ich in meinen schweren Stunden nicht allein bin, dass da einer ist, der mit mir und an meiner Seite das Kreuz trägt. Er hat am Kreuz sein „Warum" geschrieen – nicht in die Leere, sondern an Gott gerichtet, der ihn nicht verlassen hat, der sein Werk am Ostermorgen verrichtet hat. So ist Jesus im Leid nicht ohne Hoffnung geblieben, so wird er für mich zum Hoffnungszeichen.

„Denn statt des einen leiden unser zwei.
Mein dorngekrönter Bruder steht mir bei."

Gebet

Du Gott an meiner Seite,
nicht nur in guten,
auch in schweren Stunden
bist tu mir nah.
Schmerz und Qual sind Teil des Lebens,
meines und deines Lebens.
Dein Kreuz hast du auf dich genommen,
damit ich mein Kreuz
nicht einsam tragen muss,
sondern begleitet von dir.
Du nimmst mir das Kreuz nicht,
du nimmst mir Tod und Sterben nicht,
aber du begleitest mich
bis ins Grab.
„Je länger ich's betrachte, wird die Last
mir abgenommen um die Hälfte fast,
denn statt des einen leiden unser zwei:
mein dorngekrönter Bruder steht mir bei."
Danke!

Meditation

zu Lk Q, 31. 51

Er weiß genau,
was auf ihn zukommt
in Jerusalem:
Jerusalem
ist der Ort
seines Leidens.
Im Wissen darum,
aus freiem Entschluss
geht er dorthin.

Irgendwann
kommt jeder
an den Ort seines Leidens,
in das Jerusalem
der Krebserkrankung,
des Herzinfarktes,
des Verkehrsunfalls,

des beruflichen Scheiterns,
der Arbeitslosigkeit,
des Schiffbruchs seiner Ehe,
des Hasses,
der Schuld,
des Krieges,
des einsamen Alterns,
des Sterbens,
der totalen Sinnlosigkeit:

überrascht,
geahnt,
befürchtet,
verdrängt
oder auch
gefasst –
wie ER.

Wie ER
möchte ich,
wenn es „dran“ ist,
ja sagen können,
mein Kreuz auf mich nehmen
als Teil meines Lebens,
und vertrauen:
Gott ist bei mir!

Er wird mich zwar nicht
am Leid vorbeiführen,
aber durch das Leid hindurch
begleiten -
wie IHN.

Jerusalem:
für Jesus
Ort seines Leidens –
aber auch
Ort der unverlierbaren
Nähe Gottes.

7.

Suchst du Gott, dann such ihn im Geheimnis

Gedanken zur Unbegreiflichkeit Gottes

Schrifttext: Röm 11, 33–36

> *O Tiefe des Reichtums, der Weisheit und der Erkenntnis Gottes! Wie unergründlich sind seine Entscheidungen, wie unerforschlich seine Wege!*
> *Denn wer hat die Gedanken des Herrn erkannt? Oder wer ist sein Ratgeber gewesen?*
> *Wer hat ihm etwas gegeben, sodass Gott ihm etwas zurückgeben müsste?*
> *Denn aus ihm und durch ihn und auf ihn hin ist die ganze Schöpfung. Ihm sei Ehre in Ewigkeit! Amen.*

Geheimnis

Fast immer, wenn wir von Gott und seinem Wirken reden, gebrauchen wir das Wort Geheimnis. Wenn es um Religion und Glauben geht, ist Geheimnis ein viel gebrauchtes Wort:

> Geheimnis des Glaubens,
> das Geheimnis des Osterfestes,
> das Weihnachtsgeheimnis,
> das Festgeheimnis,
> das Geheimnis unserer Erlösung,
> das Geheimnis der Gegenwart Christi,
> das Geheimnis seiner Liebe.

„Kannst du schweigen? Ich möchte dir ein Geheimnis anvertrauen." Diese Frage verrät: Im Geheimnis geht es um etwas, das geschützt sein will, das nicht jeder wissen soll. Ein Geheimnis wird nur im Raum des Vertrauens offenbart, sonst bleibt es verschlossen. So gibt es die Schweigepflicht von Priestern, Ärzten, Rechtsanwälten. Ihnen muss der Mensch Geheimnisse anvertrauen, wenn sie helfen sollen, ihnen muss er sich öffnen, ihnen muss er sein Geheimnis hinhalten. Dafür braucht er den geschützten Vertrauensraum des Schweigens.

Wenn ich ein Geheimnis hüte, bedeutet das von innen her gesehen: Da ist etwas, das ist mir so wertvoll, so wichtig, das ich es schützen möchte. Da ist etwas, dass geht nicht jeden etwas an, das ist meine Intimsphäre. Sie soll neugierigen Blicken, die das, was mir wertvoll und heilig ist, zu Markte tragen könnten, verschlossen bleiben. Geheimnis braucht darum den Schutzraum des Vertrauens. Von außen spüre ich vor einem Geheimnis: Da ist etwas, das bleibt mir verschlossen. Wenn es um das Geheimnis eines Menschen geht, kann es sein, dass ich überhaupt nicht mitbekomme, dass der ein Geheimnis in sich trägt. Und wenn ich es vielleicht irgendwann erfahre, bin ich überrascht: Wie hast du es geschafft, das so lange geheim zu halten. Manchmal spüre ich: Da ist etwas im anderen, was ich nicht verstehe, was mir wie ein Geheimnis erscheint. „Ich verstehe dich nicht mehr!“, oder: „Du tust so geheimnisvoll!“ So reagiere ich, wenn ein Mensch sich ganz anders verhält, als ich es gewohnt bin, wenn er neue Verhaltensweisen zeigt – sowohl im Guten, so dass ich staunend dastehe, wie auch im Bösen, so dass ich erschrocken dastehe. Ich kann im anderen immer wieder auf das Geheimnis stoßen.

Das hat auch damit zu tun, dass in jedem von uns ein Heiliger schlummert, aber auch ein Ungeheuer. Wenn eines von beiden aufbricht, wenn das anfängt unser Leben und Handeln zu leiten, dann werden wir anderen oft zum Rätsel, sie stoßen bei uns auf ein Geheimnis, das sie nicht kennen und nicht ergründen können – und oft genug sind wir uns dann auch selbst ein Rätsel, ein Geheimnis. Am eigenen Leib und in der eigenen Seele kann ich erfahren, dass ich mir selbst ein Geheimnis bin, dass ich mehr bin als das, was ich mit dem Verstand von mir selbst verstehen kann.

Ein Geheimnis ist immer etwas Verborgenes, etwas, das nicht offensichtlich ist. Das Geheimnis lockt mich an mit Faszination und es entzieht sich gleichzeitig immer wieder. Das Geheimnis fordert Zurückhaltung und weckt gleichzeitig Neugierde. Das Geheimnis fordert meine Ehrfurcht und lockt mich gleichzeitig, die Grenzen auszureizen. Geheimnis, das ist ein Raum, der verschlossen ist und der nur von innen geöffnet werden kann – es sei denn, du dringst respektlos und gewalttätig in ihn ein.

Es gibt kleine „Geheimnisse“, bei denen ich mir nicht sicher bin, ob man sie überhaupt so nennen soll. Da wird etwas geheim gehalten, doch irgendwann komme ich dahinter, und das darf ich auch. Wirkliche Geheimnisse bleiben Geheimnisse. Wenn ich mich annähere, geben sie mir vielleicht eine Kostprobe, aber sie bleiben Geheimnis; sie lassen mich schmecken, aber sie machen nicht satt. Sie sind wie eine Tür, die sich mir öffnet – aber nur, damit ich vor der nächsten verschlossenen Tür stehe. Geheimnisse bleiben Geheimnisse.

Gott im Geheimnis

„Suchst du Gott, dann such ihn im Geheimnis." Wenn schon der Mensch ein Geheimnis ist, dann erst recht Gott. Wie oft verstehe ich Gott nicht, staunend, bewundernd, aber auch verzweifelt, erschrocken, ratlos.

So suche ich ihn staunend, im großartigen und faszinierenden Geheimnis. Ich denke etwa an die Milliarden von Menschen, die auf der ganzen Welt wohnen, die durch alle Zeiten auf der Erde gelebt haben und an die, die noch kommen werden. Jede und jeder dieser Menschen hat ein einmaliges Gesicht, selbst eineiige Zwillinge unterscheiden sich noch. Jedes Gesicht ist anders. Jeder hat seinen eigenen Fingerabdruck. Jede ist einmalig. Hier und da erkennt man die Verwandtschaft, hier und da erinnert mich jemand an einen anderen. Aber jedes Gesicht und jeden Menschen gibt es nur einmal. Ich kann das biologisch erklären, gleichzeitig aber bleibt das Staunen: Wer trägt diesen Reichtum in sich, dass er solchen Reichtum erschaffen konnte? Wer war so groß, so fantasiereich, dass diese unendliche Vielfalt möglich ist. Ich kann viel erklären, aber begreifen kann ich es damit letztendlich nicht. „Je mehr du begreifst, geht das Ewige an dir vorüber", sagt Rainer Maria Rilke. Hier kommst du an eine Schwelle, an der es um mehr geht als um begreifen.

Ich suche ihn staunend im großartigen und faszinierenden Geheimnis. Wenn Frau und Mann in Liebe eins werden, fruchtbar werden, kann ich biologisch die Anatomie und die Funktionen beschreiben; ich kann begründen, warum und wie Frau und Mann verschieden sind; ich kann beschreiben, wie durch Befruchtung neues Leben entsteht. Aber damit habe ich vom Geheimnis der Liebe und vom Geheimnis neuen Lebens überhaupt noch nichts gesagt. Das entzieht sich. „Je mehr du begreifst, geht das Ewige an dir vorüber." In der Tiefe dieses Geheimnisses stoße ich vielleicht auf das Geheimnis des liebenden und des schöpferischen Gottes. Aber auch das kann ich wiederum nicht erklären, sondern nur ahnen und staunend bewundern.

Such ihn staunend, den allmächtigen, den schöpferischen Gott. Jetzt im Frühjahr blüht die Natur wieder auf und erwacht zu neuem Leben. Die Knospen füllen sich mit Leben, aus den toten Zwiebeln und Wurzeln beginnt es zu sprießen, die herrlichste Farbenpracht entsteht. Und ich staune über das beeindruckende Leben in einer monatelang scheinbar toten Welt. Auch das kann ich biologisch erklären, nur schließt mir dieses Erklären das Geheimnis und das Wunder nicht auf. Auch hier erahne ich im Tiefsten das Geheimnis des schöpferischen Gottes, so wie Franziskus von Assisi in seinem Sonnengesang: Sonne, Mond und Sterne, Wasser und Wind, Menschen und sogar der Bruder Tod sind ihm Geheimnisse, in denen er staunend Gott erahnt.

Gott ist Licht und Dunkel

Suchst du Gott, dann such ihn im Geheimnis. Such ihn im Geheimnis des Grandiosen und des Faszinierenden, aber such ihn auch in den folgenden Erfahrungen, die ich „Gott ist Licht und Dunkel" benennen möchte. Der zweite Fastensonntag im Lesejahr B bringt im katholischen Gottesdienst zwei sehr widersprüchliche Schrifttexte zu Gehör. Der eine zeigt Jesus im Licht der Verklärung (Mk 9, 2–10). Gott ist zum Greifen nah. Die Wirklichkeit Gottes scheint klar, doch am Ende dieser Erzählung führt der Weg vom Berg ins Tal, vom Licht ins Dunkel, vom Leben ins Sterben. Bei aller Klarheit, die die Verklärung auf dem Berg Tabor ausstrahlt, bleibt gleichzeitig die Rätselhaftigkeit: Warum geht es von diesem Berg ins Leiden und in den Tod? Die alttestamentliche Lesung (Gen 22, 1–2.9a.10–13.15–18) beginnt mit einem rätselhaften Gott, der Abraham das sinnlose Dunkel zumutet, seinen Sohn zu opfern, der aber dann kurz vor der total unverständlichen Katastrophe eingreift und aus dem Dunkel ins Licht führt. Aber auch bei dem Weg vom Dunkeln ins Helle bleibt ein Nachgeschmack, bleiben offene Fragen: Gott, war das nötig? Musstest du Abraham das zumuten?
Beides ist in Gott, das Licht, das Erhellende, aber auch das Unverständliche, das Dunkle. Gott, der mir nah ist, der gut und menschenfreundlich ist, ist immer auch der geheimnisvolle Gott, ein Gott, der Unverständliches tut, ein Gott, der fast die ganze Schöpfung in der Flut ertrinken lässt, ein Gott, der eifersüchtig mordet, wenn sein Volk von ihm abfällt, ein Gott, der Israel rettet, aber Ägypten tötet – und Leszek Kolakowski fragt zu Recht: „Wie mag wohl Pharao und sein Heer denken über die Huld des Herrn?" (in: Der Himmelsschlüssel) Gott, der mir ganz nah ist, bleibt ein geheimnisvoller Gott. So erlebt ihn auch Jesus, vor allem in seinem Leiden. Er fühlt sich seinem Vater nah, er redet ihn als Vater an, selbst in tiefster Verlassenheit. Gleichzeitig ist dieser Vater ihm ein Rätsel,

wenn er fragt und schreit: „Mein Gott, warum hast du mich verlassen?“ In der Stunde des Todes Jesu herrscht Dunkelheit, eine Dunkelheit ist mehr als ein Naturzustand. Gott hat sich für ihn verfinstert. Die rätselhafte Dunkelheit weist auf das erschreckende Geheimnis in Gott.
Der Gott, der nah ist, der gut und menschenfreundlich ist, bleibt gleichzeitig der geheimnisvolle Gott, der uns Dunkel zumutet, der es zulässt, dass Menschen verunglücken, dass Katastrophen die Schöpfung vernichten, dass der Mensch seinen Mitmenschen demütigt, verletzt, vernichtet, Kriege gegen seinen Mitmenschen führt, ja, dass der Mensch sich selbst zugrunde richtet. Ja, Gott lässt es zu, dass mein Leben und Ihr Leben so verlaufen ist, wie es verlaufen ist, mit allem Gelungenen, aber genauso mit all dem Verunglückten, mit der verlorenen Zeit des Suchens, des Nichtglücklichseins, der Tränen, auch mit dem Scheitern und dem Misslingen, auch mit der Dunkelheit meiner Bosheit, wo ich mir selbst ein Rätsel bin. Der Gott, der mir nah ist, ist einerseits der gute Gott, bei dem ich geborgen bin, der Hirt, dem ich mich anvertraue, der Bruder, der mir Weggefährte ist, der Freundliche, der mich einlädt, bei ihm auszuruhen, er ist der Schöpfer, dessen Werke ich bewundere, der die Geheimnisse des Lebens so wunderbar erschaffen hat, über dessen Weisheit die Forscher vieles herausbekommen haben und gleichzeitig vor neuem Fragen und vor neuem Staunen stehen. Er ist der Vollender, auf dessen Zukunft ich warte, von dem ich Erlösung erhoffe, die ich ihm auch zutraue. Er ist der Gott, der mir Zukunft und Hoffnung geben will. Doch andererseits ist und bleibt er auch der Unbegreifliche, der mich im Dunklen bedroht und bedrängt, der mich zum Kampf und zur Auseinandersetzung herausfordert, wie jene dunkle Gestalt, mit der Jakob eine ganze Nacht lang kämpfen muss. Gott ist Licht und Dunkel.
Gott ist und bleibt Geheimnis, vor dem ich stehe und mir sage: Ich verstehe dich nicht! Gleichzeitig verspüre ich bei diesem „Ich verstehe dich nicht“ so etwas wie Erleichterung. Es ist gut, dass ich ihn nicht verstehe. Würde ich ihn verstehen, hieße das ja, dass Gott kleiner wäre als mein Verstand, seine Möglichkeiten passten in den Horizont meines kleinen Kopfes und meiner Möglichkeiten. Das wäre Hoffnungslosigkeit pur, das wäre keine Perspektive von Erlösung.

Gewitter und Regenbogen

Der um die Wende zum 20. Jahrhundert lebende Theologe und Religionsphilosoph Rudolph Otto hat diese widersprüchliche Gotteserfahrung so umschrieben: Gott ist „mysterium tremendum", Geheimnis, das uns erschrecken lässt, und gleichzeitig „mysterium faszinosum", faszinierendes Geheimnis. Das gleiche hat Papst Johannes Paul II. 2001 bei einer Audienz in folgendes Bild gefasst: „Gott ist Gewitter und Regenbogen." (aus dem Internet) Gewitter und Regenbogen sind zwei Ereignisse elementarer Gotteserfahrung. Gewitter als erschreckendes Geheimnis, Regenbogen als faszinierendes und auch versöhnendes Ereignis.
Beide Erfahrungen spiegeln sich wider im Gebetbuch des Volkes Israel, das auch das Gebetbuch der Kirche, unser Gebetbuch, geworden ist, im Buch der Psalmen. Die Klagepsalmen erzählen von der Begegnung mit dem unverständlichen, mit dem erschreckenden Gott und mit denen, die als seine Geschöpfe für uns erschreckend und unverständlich sein können. Die Lob- und Dankpsalmen, die Psalmen des Staunens und der Bewunderung sprechen von Gottes faszinierendem Aufscheinen in der Schöpfung, in der Erlösung, in der Begleitung des Menschen. Ich nehme Gott nur ernst, wenn ich dieses polare Geheimnis als Teil seiner Wirklichkeit ernst nehme. Er ist mysterium tremendum und mysterium fascinosum in einem. Wir möchten ja manchmal die dunkle Seite Gottes aus der Welt reden. Versuche ich das, nehme ich Gott nicht ernst. Diese Seite gilt es gilt es auszuhalten. Dieses Aushalten kann zu der Erfahrung führen, dass sich ein mysterium tremendum in ein mysterium fascinosum wandelt.

Mit dem geheimnisvollen Gott leben

Wie lebe ich mit diesem geheimnisvollen Gott? Vor allen anderen Antworten bin ich herausgefordert, Gott als Geheimnis anzuerkennen, das ich nicht verstehe, an das ich mich herantasten kann, von dem ich vieles ergründen kann, das mir aber letzten Endes als Frage offen bleibt. Dazu gehört auch, dass ich mich selbst bescheide und nicht meine, ich müsste alles und jedes ergründen können. Das Geheimnis Gottes ist, wie jedes menschliche Geheimnis, etwas Verborgenes, das nicht offensichtlich ist. Etwas, das lockt und sich gleichzeitig entzieht. Etwas, das Zurückhaltung fordert und Neugierde weckt. Etwas, das Erfurcht einfordert und gleichzeitig lockt, die Grenzen auszureizen. Etwas, das erschrickt und gleichzeitig einlädt, nicht wegzulaufen. Das Geheimnis Gottes ist ein Raum, der verschlossen ist und der nur von innen, von ihm selbst, geöffnet werden kann.

Wie lebe ich mit diesem geheimnisvollen Gott?
Still werden und schweigen ist einem solchen Geheimnis angemessen. Wie soll der geheimnisvolle Gott in unserer lauten und beredten Welt landen, bildlich gesprochen, wie soll das Wort Fleisch werden. Wo soll das Kind in der Krippe liegen, wenn wir es mit Worten wie die Herbergswirte fern halten, anstatt ihm mit Schweigen eine Krippe zu bauen. Antony De Mello schreibt: „Das Wort ward Fleisch und wohnte unter uns … durch das Wort entstanden alle Dinge; nichts wurde ohne Es geschaffen. Alles Entstandene war lebendig durch sein Leben, und dieses Leben war das Licht der Menschen. Das Licht scheint weiter in der Dunkelheit und die Dunkelheit hat es nie ausgelöscht.
Blicke unverwandt in die Dunkelheit. Es wird nicht lange dauern, bis du das Licht siehst. Betrachte alle Dinge schweigend. Es wird nicht lange dauern, bis du das Wort siehst. Das Wort ward Fleisch, es wohnte unter uns … Es ist bitter, sehen zu müssen, wie krampfhaft versucht wird, das Fleisch wieder in Wort zurückzuverwandeln. Worte, Worte, Worte!“
Vor Jahren sang die israelische Schlagersängerin Dalia Lavi: „Meine Art, Liebe zu zeigen, ist ganz einfach schweigen. Worte zerstören, wo sie nicht hingehören.“ Schweigen ist hohe Aktivität. Schweigen, offenes Schweigen, ist voller Sehnsucht nach Begegnung, auch nach Begegnung mit dem Geheimnis Gottes. So sagt das Buch der Weisheit: „Als tiefes Schweigen das All umfing und die Nacht bis zur Mitte gelangt war, da sprang vom Himmel dein allmächtiges Wort.“ (Weish 18, 14f)

Wie lebe ich mit diesem geheimnisvollen Gott?.
Indem ich Gott in dieser Widersprüchlichkeit aushalte, wie es von einem Juden namens Jossel Rakow aus dem Warschauer Getto berichtet wird. Er hat folgende Aufzeichnung als letzte Botschaft hinterlassen:

> „Sollte jemand die Zeit finden, so mag er vielleicht das Gefühl eines Juden verstehen, eines von Millionen, der gestorben ist, verlassen von Gott, an den er so stark

> glaubte. Ich glaube an den Gott von Israel, auch wenn er alles dazu getan hat, mich an ihn unglauben zu machen. Ich glaube an seine Gesetze, auch wenn ich seinen Taten die Berechtigung abspreche.
> Du sagst, wir haben gesündigt. Ich will aber, dass du mir sagst, ob es eine Sünde in der Welt gibt, die eine solche Strafe verdient. Ich sterbe ruhig, aber nicht befriedigt; ein Geschlagener, aber kein Verzweifelter; ein Gläubiger, aber kein Betender; ein Verliebter in Gott, aber kein blinder Amen-Sager.
> Ich bin ihm nachgegangen, auch wenn er mich von sich geschoben hat. Ich habe sein Gebot erfüllt, auch wenn er mich dafür geschlagen hat. Ich hab ihn lieb gehabt und bin verliebt in ihn, auch wen er mich zur Erde erniedrigt, zu Tode peinigt, zur Schande und zum Gespött gemacht hat, Und das sind meine letzten Worte an dich, mein zorniger Gott: Es wird dir nicht gelingen! Du hast alles getan, damit ich nicht an dich glaube, damit ich an dir verzweifle: Aber ich sterbe, genau wie ich gelebt habe: im felsenfesten Glauben an dich!"
> (Quelle für mich nicht mehr nachvollziehbar)

Das Geheimnis des widersprüchlichen Gottes aushalten, dazu lädt mich dieses Vermächtnis ein.
Wie lebe ich mit diesem geheimnisvollen Gott?
Indem ich versuche, ihn im Geheimnis aller Dinge zu sehen (s.o.). Aber, was immer ich dort wahrnehme, ich bekomme nur „Kostproben" von Gott, er bleibt Geheimnis. Sie lassen mich schmecken, aber machen nicht satt. Sie sind wie eine Tür, die sich öffnet, und ich stehe vor der nächsten Tür. Das Geheimnis Gottes in den Dingen hält meinen Hunger und meinen Durst wach. Darum finde ich es sehr sinnvoll, dass wir das Geheimnis unseres Glaubens, die Eucharistie, mit einer so kleinen Hostie und mit einem so kleinen Schluck Wein feiern. Von einer Hostie ist noch keiner satt geworden und von diesem kleinen Schluck Wein ist noch kein Durst gelöscht worden. Das ist zeichenhaft. Es vermittelt die Verheißung, dass Gott uns Antwort gibt, aber nicht alles zufrieden stellt, was an Sehnsucht in uns lebt. In diesen kleinen Zeichen schenkt er uns eine Ahnung seiner selbst, aber gleichzeitig spüre ich, dass der Hunger größer wird. Wie lebe ich mit diesem geheimnisvollen Gott ? Indem ich versuche, mit dem Verstand soviel wie möglich von diesem Gott

zu ergründen und zu verstehen – aber gleichzeitig weiß, damit komme ich noch lange nicht an das Geheimnis heran.

Heilige Zeiten – Heilige Räume – Heilige Musik

Um dem Geheimnis Gott näher zu kommen, brauche ich andere Erfahrungsräume, etwa *heilige Zeiten* wie den Sonntag. Ich bedauere, dass in unserer Zeit mehr und mehr das Gespür für die Andersartigkeit des Sonntags innerhalb der Wochentage verloren geht. Es geht nicht nur um die Zeit mit Gott, sondern es geht auch darum, Zeiten zu haben, in denen ich diesen Gott feiere, mich ihm aussetze, mich nicht unter den Zwang und den Druck der Arbeit und des Stresses stelle. Unsere Gesellschaft braucht heilige Zeiten, weil sie auch heilende Zeiten in einer Welt sind, die alles verzweckt und vermarktet. Heilige Zeit-Räume als Erfahrungsräume des geheimnisvollen Gottes.
Die Begegnung mit dem Geheimnis braucht auch heilige Räume, wie etwa eine Kirche. Architektonisch und künstlerisch kann man jeden Winkel erklären und deuten. Gleichzeitig spürt, wer etwa in einen Dom kommt, die andere Aura. Der Raum atmet anderes als eine Stadthalle. Der Raum eines Gotteshauses atmet etwas vom Geheimnis des anwesenden Gottes, und er atmet oft Jahrhunderte alte Geschichte von Menschen, die in diesem Haus den geheimnisvollen Gott gesucht, zu ihm gebetet und auch eine Ahnung von diesem geheimnisvollen Gott bekommen haben.
Begegnung mit Gott in heiligen Räumen: Das Gespür für diese Dimension ist wohl auch einer der Gründe, die Menschen wallfahren lassen. Man geht an Orte und in Räume, wo Gottes Gegenwart in besonderer Weise gegenwärtig scheint. Der Verstand kann das nicht erklären. Trotzdem gibt es ein Gespür, für das Geheimnis dieses Ortes als Ort Gottes. Hier begegne ich vielleicht Gott jenseits der Grenze des Verstandes. Solche Möglichkeiten, Gott zu erfahren, hat der Mensch immer wieder gesucht z. B. in heiliger Musik. Im Gottesdienst feiern wir Christen das Geheimnis unseres Glaubens, ein Geheimnis, das in Worten nach Deutung sucht, ein Geheimnis, nach dem das Schweigen tastet, ein Geheimnis, das die Musik berührt, weil sie auszudrücken vermag, was nicht gesagt werden kann und worüber zu schweigen gleichzeitig unmöglich ist. Im Gottesdienst kann Musik eine Gestimmtheit schaffen, die Gottesbegegnung fördert. Immer, wenn Men-

schen feiern, singen sie, so auch im Gottesdienst. Bei Freudenfesten darf die Musik so wenig fehlen wie bei Trauerfeiern; sie gibt dem Menschen die Möglichkeit, auszudrücken, was Worte nicht sagen können. So ist es nicht verwunderlich, dass der Raum des Sakralen und der Liturgie eine unerschöpfliche Quelle von Musik sind, weil sie das Geheimnis berühren. Welcher namhafte Komponist hat nicht irgendwann eine Messe komponiert, ein Requiem, ein Tedeum, eine Kirchensonate. Gottesdienst und Gottesgeheimnis brauchen die Musik. Nicht ohne Grund beschreibt die Bibel die einstige Vollendung des Menschen musikalisch in einem Lobgesang ohne Ende. Die Bibel bringt damit auch zum Ausdruck, dass die Musik dem Himmel sehr nahe ist oder ihn nahe bringt, vielleicht näher, als so manche fromme Anstrengung des Menschen, so Klaus Wolf vor Jahren in einem Artikel im Rheinischen Merkur.
Suchst du Gott, dann such ihn im Geheimnis – gerade auch in einer aufgeklärten Zeit wie der unseren. So rundet dieses Thema die vorausgegangenen sechs Themen. Mit allem Können und Wissen unserer Tage wird die Versuchung groß, dass der Mensch sein will wie Gott, weil er in dem Wahn lebt, allmächtig zu sein! In einer solchen Zeit ist es eine Frage der Vermenschlichung unserer Welt, dass wir sie wieder vergöttlichen, dass wir dem Geheimnis wieder Raum geben, dass wir den Baum wieder in die Mitte des Paradieses pflanzen, dessen Früchte nur Gott zustehen.

Gebet

Du Gott im Geheimnis!
Du bist Licht und Dunkel,
Reden und Schweigen,
Tod und Leben,
Gewitter und Regenbogen,
Erschrecken und Faszination,
du bist Zeit und Ewigkeit,
Anfang und Ende
Alpha und Omega.

Du Gott im Geheimnis,
geheimnisvoller Gott,
Ich möchte dich greifen

und fasse dich nicht,
ich möchte von dir reden
und finde die Worte nicht,
ich möchte dich sehen,
doch meine Augen vermögen es nicht.

Zu groß bist du,
unfassbar, unbegreiflich.
Was mir bleibt will ich tun:
schweigen vor deinem Geheimnis,
in Ehrfurcht verweilen und vertrauen,
dass du mir die Türe zu dir
von innen öffnest.

Meditation
zu Lk 4, 14; 9, 28

Immer wieder
geht Jesus in die Stille,
um zu beten.
Und wenn die Menschen
scharenweise
nach ihm suchen:
er zieht sich zurück
in die Stille.

Was geschieht
in der Stille?
Erfüllt vom Geist,
so erzählt Lukas,
kehrt er zurück.

Was geschieht
in der Stille?
Der Himmel öffnet sich,
Gottes Stimme
wird hörbar,
Gottes Nähe erfahrbar,
erzählt Lukas.

Wer still wird,
wirklich still,

dem kann sich der Himmel
öffnen,
der darf hoffen,
dass Gott sich ihm zeigt,
Gott,
der in der Mitte des Schweigens
hörbar wird.

Was geschieht
in der Stille?
Er wird verklärt,
er taucht ein
in die Welt Gottes.
Er hat Anteil
an seiner Vollendung.

In der Stille
erlebt er das Ziel,
die Stille
schenkt ein Stück Himmel,
einen Hauch von Verklärung.

Gestärkt
durch solche Stille
hat Jesus die Kraft,
den Menschen zu dienen,
die Welt zu verändern,
das Leid zu bestehen
und dem Tod
das letzte Wort
zu nehmen.